CONTRIBUTION

A L'ÉTUDE DE LA LIGATURE

DANS LE TRAITEMENT

DES ANÉVRYSMES

PAR

LE DR J.-F. ARNAUD

CHIRURGIEN CHEF INTERNE DE L'HOSPICE DE LA CHARITÉ DE MARSEILLE
EX-PREMIER INTERNE DES HOPITAUX (Concours 1877)
ANCIEN PREMIER EXTERNE (Concours 1876)
LAURÉAT DE L'ÉCOLE DE MÉDECINE (1874-75 et 1876-77)

PARIS

LIBRAIRIE J.-B. BAILLIÈRE ET FILS

19, RUE HAUTEFEUILLE, PRÈS LE BOULEVARD SAINT-GERMAIN

1880 .

Tous droits réservés.

CONTRIBUTION

A L'ÉTUDE DE LA LIGATURE

DANS LE TRAITEMENT

DES ANÉVRYSMES

PARIS

YPOGRAPHIE GEORGES CHAMEROT

19, RUE DES SAINTS-PÈRES, 19

CONTRIBUTION

A L'ÉTUDE DE LA LIGATURE

DANS LE TRAITEMENT

DES ANÉVRYSMES

PAR

LE DR J.-F. ARNAUD

CHIRURGIEN CHEF INTERNE DE L'HOSPICE DE LA CHARITÉ DE MARSEILLE
EX-PREMIER INTERNE DES HOPITAUX (Concours 1877)
ANCIEN PREMIER EXTERNE (Concours 1876)
LAURÉAT DE L'ÉCOLE DE MÉDECINE (1874-75 et 1876-77)

PARIS

LIBRAIRIE J.-B. BAILLIÈRE ET FILS

19, RUE HAUTEFEUILLE, PRÈS LE BOULEVARD SAINT-GERMAIN

—

1880

CONTRIBUTION

A L'ÉTUDE DE LA LIGATURE

DANS LE TRAITEMENT

DES ANÉVRYSMES

AVANT-PROPOS

ET DIVISION DU SUJET

Les anévrysmes chirurgicaux, relativement assez fréquents en Angleterre, en Allemagne, en Amérique, semblent plus rares dans notre pays.

Les quelques cas que nous avons pu observer pendant le cours de nos études dans les hôpitaux de Marseille, ont été traités par diverses méthodes. Les uns ont pu guérir par la compression; d'autres, en plus petit nombre, ont dû être attaqués par un moyen plus radical, la ligature.

L'idée de traiter cette question nous a été inspirée à l'occasion de ces derniers faits, et en particulier de l'observation si remarquable de ligature de l'iliaque externe pratiquée récemment par M. le professeur Combalat à l'Hôtel-Dieu de Marseille, pour un anévrysme ilio-fémoral. Que ce maître vénéré veuille bien accepter l'hommage de ce modeste travail comme un faible témoignage de reconnaissance, pour la bienveillance et la sympathie qu'il nous a toujours témoignées.

Nous devons aussi exprimer tout spécialement notre vive gratitude à M. le docteur Livon, professeur suppléant de physiologie expérimentale à l'École de Médecine de Marseille, qui a mis à notre disposition avec tant d'empressement le laboratoire de l'École, et a même poussé l'obligeance jusqu'à vouloir bien nous guider de ses conseils et de son expérience dans les quelques vivisections que nous avons faites, et dans l'examen histologique des caillots.

En présence d'un sujet comme celui-ci, dont l'étude nécessiterait de longs développements, et qui mériterait d'être traité par une plume plus autorisée, notre devoir est de déclarer que nous n'avons jamais eu la prétention de l'envisager sous toutes ses faces, mais seulement de toucher à quelques-uns des points qui présentent le plus d'intérêt.

Nous nous proposons, après l'examen de certaines questions préliminaires (nombre de ligatures, mode de leur application, forme du fil, etc.), de faire, dans un chapitre spécial, l'étude de la *nature des fils*, et en particulier des fils de nature animale dont l'emploi tend à se vulgariser de plus en plus depuis ces dernières années; et nous rapporterons à ce propos quelques expériences que nous avons faites sur les animaux au sujet de la ligature au catgut phéniqué.

Le chapitre suivant sera consacré à rechercher l'effet des ligatures, sur le vaisseau lié, sur l'anévrysme, sur les parties voisines. Les accidents de la ligature nous occuperont ensuite, et nous nous efforcerons de rechercher les causes et la pathogénie de chacun d'eux. Enfin, après une appréciation rapide des diverses méthodes de ligature, nous étudierons en dernier lieu, et comme conclusions, les indications et les contre-indications de cette importante méthode thérapeutique des anévrysmes chirurgicaux.

Tout réduit qu'il est, ce cadre est encore assez vaste. Nous n'osons nous promettre de l'avoir convenablement rempli ; mais du moins y avons-nous mis tous nos efforts, comptant sur l'indulgente bienveillance de nos maîtres et de nos juges.

CHAPITRE PREMIER

1° *Nombre des ligatures.* — Préoccupé par la crainte des hémorrhagies secondaires, Hunter, pratiquant sa première ligature de la fémorale pour un anévrysme poplité, disposa quatre fils sur le trajet de l'artère; la striction du fil inférieur était complète; les deux moyens rétrécissaient seulement le calibre du vaisseau, et le supérieur n'était pas lié, formant une vraie *ligature d'attente*. C'était là un luxe de précautions que Lisfranc exagéra encore en passant deux nouveaux fils au-dessous de la ligature principale, dans le but d'arrêter à temps les hémorrhagies qui pourraient se produire par le bout inférieur.

Mais cette pratique, qui oblige à dénuder l'artère dans une grande étendue, l'exposant ainsi à la mortification, est entièrement rejetée aujourd'hui. A peine est-on autorisé, dans certains cas, à passer deux fils pour plus de sûreté, lorsque, l'artère étant malade, et le premier fil ayant sectionné brusquement les tuniques moyenne et interne, il y a lieu de craindre que la tunique externe altérée ne vienne à céder prématurément. C'est ce qui s'est passé dans une de nos observations, et l'on peut voir que cette double ligature, faite, il est vrai, avec du fil de catgut phéniqué, n'a modifié en rien la marche de la cicatrisation et la réunion immédiate.

Le procédé recommandé par Abernethy, défendu plus tard par Sédillot (1) (section de l'artère entre deux fils), malgré tous les avantages qu'on lui a attribués, ne fait plus guère partie que de l'histoire de la ligature.

2° *Lieu d'application.* — Dans le traitement des anévrysmes, c'est toujours sur la continuité de l'artère que devra porter le lien constricteur. Quant à déterminer le point exact, le *lieu d'élection* de la ligature, il est impossible de rien dire de général à ce sujet. Ce point variera, en effet, suivant le siège de la tumeur anévrysmale, et, en particulier, suivant la méthode à laquelle on s'adressera (ligature au-dessus ou au-dessous du sac, à proximité ou à distance de celui-ci).

3° *Durée d'application.* — La méthode de la *ligature temporaire* est née de la réaction qui se produisit contre l'école de Scarpa, et en faveur des idées de Jones sur la section des tuniques interne et moyenne, et l'épanchement de lymphe plastique qui les réunissait. Le caillot sanguin ne jouant plus qu'un rôle secondaire, on crut que l'action du fil à ligature se bornait à sectionner les deux tuniques intérieures ; de là le conseil de Jones et de Hutchinson de retirer le fil après quelques minutes.

Mais de nombreux insuccès et les expériences de Porta vinrent bientôt démontrer que par ces ruptures brusques l'artère était rétrécie, mais non oblitérée. Aussi Travers, modifiant le procédé primitif, a-t-il pu obtenir quelque

____

(1) *De la section des artères dans l'intervalle de deux ligatures, comme méthode générale de traitement des hémorrhagies et des anévrysmes.* Paris, 1850.

succès (ligature de la brachiale et ligature de la fémorale), en ne retirant le fil que cinquante heures après l'opération.

Il est aisé de voir pourtant que ce mode de ligature, agissant à peu près de la même façon que la compression indirecte et complète, n'offre aucun avantage sur celle-ci, ni sur la ligature permanente. Appliquée trop peu de temps, elle laisse l'artère perméable, et dès lors la compression lui est de beaucoup supérieure; trop longtemps laissée, elle remplit le rôle d'une ligature permanente, tout en étant bien moins sûre qu'elle et plus irritante pour les tissus.

C'est pourquoi les chirurgiens anglais eux-mêmes ont depuis longtemps renoncé à ce mode de traitement qui n'est employé que dans des cas exceptionnels.

William Stokes, dans ses *Notes de chirurgie* (1), rapporte une observation d'anévrysme fémoro-poplité pour lequel, à défaut de la compression instrumentale, il appliqua la ligature temporaire de la fémorale avec un fil d'argent serré sur un clamp de Porter. La circulation fut ainsi complètement interrompue; mais, le fil étant enlevé cinquante heures après, les battements reparurent; la compression digitale échoua, et l'amputation ne put sauver le malade, qui mourut d'infection purulente. L'autopsie permit de constater que l'artère comprimée par le fil n'avait subi aucune altération.

Mode d'application. — La *ligature médiate* généralement pratiquée par les anciens, depuis A. Paré jusqu'à Des-

---

(1) W. STOKES, *Records of operative surgery*, 1872.

champs, est repoussée par tous aujourd'hui ; et, si elle est quelquefois encore employée par nécessité pour arrêter une hémorrhagie au fond d'une plaie, ou sur un moignon d'amputation, l'isolement est la règle absolue dans la continuité du vaisseau.

Mais une autre question serattache au mode d'application des ligatures : c'est la *striction complète ou incomplète du fil.* Cette dernière méthode semblerait devoir remplir les indications formulées par la théorie de Bellingham et de Broca dans le traitement des anévrysmes. Aussi certains chirurgiens, se proposant de diminuer le calibre de l'artère sans l'obturer complètement, ont-ils conseillé l'emploi de fils métalliques incomplètement serrés et laissés à demeure au fond de la plaie. Dans ces dernières années, Minkiewicz (1), à la suite d'expériences sur les animaux, conclut que les ligatures incomplètes ne produisent aucun des accidents qui suivent quelquefois l'oblitération d'une artère importante, en particulier, les troubles cérébraux consécutifs aux ligatures de la carotide ; il trouve en outre dans cette méthode la possibilité de ralentir le cours du sang de manière à favoriser la formation lente de caillots fibrineux dans le sac, processus regardé comme le plus favorable à la guérison de l'anévrysme suivant l'opinion aujourd'hui reçue. — Mais le ralentissement de la circulation, qui est le point capital de cette manière d'agir, n'a pas même été constaté expérimentalement, et l'auteur s'appuie sur le raisonnement seul pour en affirmer l'existence.

---

(1) *Du traitement de certains anévrysmes par la ligature incomplète à fil perdu* (MINKIEWICZ, *Arch. fur pathol. anat. und physiol.*, t. LXIII, analysé in *Revue des sc. médic.*, t. VII, p. 769.

D'ailleurs, aucun fait clinique n'est venu confirmer encore ces recherches de laboratoire, du moins à notre connaissance. Et, si nous admettons même avec l'auteur le fait du ralentissement circulatoire comme démontré, et la possibilité de la guérison de l'anévrysme par suite de cette diminution du courant sanguin, encore faudrait-il que le moyen proposé fût plus sûr et au moins aussi inoffensif que d'autres méthodes bien supérieures et qui ont déjà fait leurs preuves, telles que la compression, la flexion, la méthode d'Esmarch. Je ne parle pas de la ligature complète, dont elle offre toutes les difficultés, même tous les dangers, sans en avoir les avantages.

Les expériences de l'auteur lui-même condamnent cette méthode. Sur quatorze ligatures pratiquées sur divers animaux (chiens, boucs et béliers), — il n'a pas eu, il est vrai, d'accidents cérébraux (ligature de la carodite primitive) — ; mais ces accidents sont bien rares chez les animaux, d'après tous les expérimentateurs.

Le plus communément, il y avait formation de pus autour du vaisseau, sans que celui-ci présentât aucune altération : deux fois la ligature coupa l'artère, et dans un cas il se produisit une hémorrhagie mortelle ; enfin, une seule fois, on trouva au lieu même de la ligature un caillot adhérent.

Il semble que les procédés ordinaires de ligature ont rarement donné d'aussi mauvais résultats, et, pour résumer les graves objections que l'on peut faire à la méthode de *ligature incomplète*, objections suffisantes, à notre avis, pour la faire entièrement rejeter, nous dirons :

1° Il n'est pas démontré qu'elle produise un ralentissement du cours du sang suffisant pour amener la formation de caillots dans le sac anévrysmal, à moins que la striction du fil ne soit poussée assez loin, et, dans ce cas, l'oblitération de l'artère elle-même est difficile à éviter ;

2° Il est impossible de mesurer le degré de constriction du fil de manière à atteindre, sans le dépasser, le but que l'on veut obtenir ;

3° La ligature incomplète laisse un corps étranger dans la plaie ; et l'anse de fil métallique, incomplètement serrée, présente ici un bien autre danger que celui d'une ligature ordinaire. Bien qu'on puisse admettre, dans un certain nombre de cas, l'enkystement possible du fil métallique, il ne pourra demeurer indéfiniment dans les tissus ; et son élimination, aussi retardée qu'on la suppose, sera fatalement accompagnée de la section des tuniques du vaisseau. Or celui-ci, d'après la théorie, ne devant pas être oblitéré, il s'ensuivra nécessairement une hémorrhagie mortelle, ou bien, dans les cas les plus heureux, une oblitération définitive de l'artère, ce qu'on avait voulu éviter par cette méthode.

Ajoutons que, si la supériorité de ligature complète n'était pas, pour nous, suffisamment démontrée, nous préférerions, du moins, à l'emploi d'un fil rigide, inabsorbable, irritant et condamné à couper l'artère tôt ou tard, l'usage du *fil de catgut*, qui peut séjourner impunément au sein des tissus, qui peut même au bout de quelque temps se confondre avec eux, et disparaître sans laisser de traces.

Si nous nous sommes étendu un peu longuement sur la question relative à la *ligature incomplète*, c'est qu'elle a trait spécialement à la cure des anévrysmes et rentrait ainsi plus naturellement dans notre sujet.

Il ne nous reste plus que quelques mots à dire sur les diverses *formes* que l'on a données aux fils employés dans la ligature.

Forme des fils. — Elle a varié suivant les chirurgiens, et surtout suivant les idées théoriques de l'époque sur la formation du caillot, et le mode d'oblitération de l'artère. Mais cette étude ne présente guère aujourd'hui qu'un intérêt purement historique. Sans parler des *fisselles* d'A. Paré, il nous suffira de rappeler les ligatures à fils plats de J.-L. Petit, Deschamps, Desault, auxquelles ces auteurs joignaient encore le précepte d'interposer entre la ligature et le vaisseau un corps étranger (petit rouleau de toile, fragment de bougie élastique, etc.), tout cela, dans le but d'aplatir l'artère sans la couper, et d'oblitérer le vaisseau par l'inflammation adhésive de ses parois. Scarpa fut le plus grand partisan de cette méthode, et celui qui développa ces idées et les réunit en corps de doctrine.

C'était aussi la pratique d'autres grands chirurgiens tels que Boyer, Larrey, Roux qui n'employait que les ligatures aplaties, ayant jusqu'à 2 millimètres de largeur. Aujourd'hui on a complètement renoncé à cette forme de ligature, qui ne répondait pas même au but que se proposaient ses auteurs, puisqu'elle coupait le vaisseau aussi bien que les ligatures fines, et même plus vite qu'elles, au dire de Malgaigne.

C'est donc à peu près exclusivement des *fils fins* que l'on se sert de nos jours ; et l'expérience, confirmant les idées de Jones, a démontré en effet que la section des tuniques interne et moyenne par le fil à ligature était le meilleur mode d'oblitération des artères. Nous en étudierons plus loin le mécanisme.

CHAPITRE II

NATURE DES FILS A LIGATURE

Ce n'est pas de nos jours seulement qu'on s'est préoccupé de la *nature* des fils employés à lier les vaisseaux,
et les fils de nature *animale* eux-mêmes avaient été employés par Astley Cooper, Swery, Wardrop, etc., dès le
commencement du siècle, bien avant la méthode antiseptique, et dans le même but qu'aujourd'hui, leur absorption au sein des tissus.

De tout temps, les chirurgiens se sont attachés, dans la
composition des fils à ligature, à rechercher de préférence
la matière la moins irritante pour la plaie et l'artère elle-
même. Pour cela, l'on peut dire que les trois règnes de
la nature ont été mis à contribution :

Fils métalliques : plomb, or, argent, platine (Levert), fils
de fer détrempés et dorés (Ollier), fil d'argent (Wagner,
Sims).

Fils végétaux : de chanvre (A. Paré), de caoutchouc
(Levert).

Fils de nature animale : peau de daim non tannée
(Physick, Jameson, Dorsey); boyau de chat (A. Cooper,
catgut de nos jours); crin de Florence, provenant de l'in-

testin de vers à soie (Swery, Wardrop, Hopkins Valters);
crin de cheval, cheveux de femme (Porta); du cuir, du
tendon, du nerf, etc.; enfin les fils de soie.

Voyons ce qui est resté dans la pratique de tous ces
essais plus ou moins heureux.

Les *fils métalliques* d'or, d'argent, de platine, les fils
de fer conseillés par Ollier (1) et Langenbeck, se recommandent d'après leurs partisans par leur innocuité plus
grande, leur finesse et leur imperméabilité, qui leur
permettent de s'enkyster au milieu des tissus. Mais ils
présentent de notables inconvénients dans les ligatures
d'artères : ils sont cassants et rigides; il est, en outre, difficile de savoir si l'on a porté la striction assez loin pour
oblitérer le vaisseau et sectionner ses tuniques interne
et moyenne. Ce grave défaut n'est pas d'ailleurs compensé par une innocuité aussi parfaite qu'on veut bien le
dire; et, en admettant même qu'il puisse s'enkyster pendant un certain temps, il est toujours permis de se de-
mander si ce fil perdu ne provoquera pas des accidents
graves au bout d'un temps plus ou moins long.

Nous devons dire cependant que les fils métalliques
sont employés par quelques chirurgiens, même dans la
ligature des gros troncs artériels (ligature de la carotide
primitive gauche avec un fil d'argent abandonné, Gilles (2);
et ils paraissent n'avoir pas donné de bien mauvais résultats.

On a reproché aux *fils végétaux* de lin ou de chanvre
leur gonflement et leur putréfaction facile, — aux fils de

(1) OLLIER, *Ligatures métalliques* (*Gazette hebdomadaire de méd, et
chirurg.*, 1861).
(2) *The Lancet,* octobre 1874.

matière animale leur trop grand volume ou leur peu de résistance.

L'expérience a consacré la supériorité des fils de soie, assez fins pour couper les tuniques, sans perdre de leur résistance ; les fils de lin ou de chanvre leur sont inférieurs sous ce point de vue et sont néanmoins employés presque aussi souvent que les fils de soie.

La question de l'absorption des fils de matière animale, qui avait fait l'objet de nombreuses expériences en Angleterre, et en Amérique surtout, au commencement du siècle (fils de soie, Lawrence, S. Cooper, — cordonnet de boyau de chat, A. Cooper, — intestin de ver à soie, Wardrop), semblait définitivement jugée. Le plus grand nombre des chirurgiens rejetaient l'emploi des ligatures dites résorbables, lorsque de nos jours Lister (1), reprenant cette étude et ces expériences, a réhabilité les fils de boyau déjà employés par A. Cooper.

Par une préparation spéciale de ces fils, il a fait disparaître les inconvénients pour lesquels on les avait tout d'abord rejetés : leur rigidité, et leur peu de résistance qui obligeait à leur donner une épaisseur trop considérable.

Aujourd'hui que, à l'exemple de la méthode antiseptique, l'emploi du catgut tend à s'introduire de plus en plus dans la pratique des ligatures d'artère, il nous paraît utile de résumer les données actuelles sur cette question.

____

(1) LISTER, *Ligature antiseptique* (*British med. Journal,* avril 1869, et *The Lancet,* avril et juin 1869).

NATURE ET MODE DE PRÉPARATION DU CATGUT.

Nous empruntons au livre du docteur Lucas-Championnière (1) les notions relatives à la préparation des fils de
catgut phéniqué :

« Le catgut, vulgairement boyau de chat, corde à
boyau, corde à violon, est fabriqué, comme on le sait,
avec des intestins de mouton. On prend les cordes telles
qu'on les trouve dans le commerce, on les choisit de
différentes grosseurs ; toutefois celui qui les prépare doit
savoir qu'il ne faut pas qu'elles aient trop vieilli et dessé-
ché, et que les cordes fabriquées en certains pays sont
meilleures que d'autres. Celles qui sont les plus solides,
les plus résistantes, sont les cordes fabriquées en France.

« A l'état où on la trouve, la corde ne pourrait supporter
la formation du nœud, elle casserait souvent ; aussi la préparation qu'elle subit lui donnera de la force et la privera
de germes en même temps.

« On la fait baigner quatre à six mois dans le mélange
suivant : on fait fondre des cristaux d'acide phénique dans
un poids d'eau égal au dixième du leur, puis on ajoute
5 parties d'huile d'olive, et on mélange intimement.

« Dans cette émulsion doit être placée la corde à boyau.
Elle se gonfle, se ramollit, et devient opaque tout d'a-
bord. Après quelque temps, le fil redevient plus ferme et
transparent ; puis l'opacité disparaît et le fil gagne beaucoup en solidité. Le nœud que l'on fait alors est très so=

(1) Lucas-Championnière, *Chirurgie antiseptique,* p. 221. Paris, 1880.

lide et résistant, il ne casse pas comme celui d'une corde
qui a séjourné dans l'huile simple.

« Il est très curieux de voir que si, au lieu d'ajouter de
l'eau à l'acide phénique, on le faisait dissoudre pur dans
l'huile, on obtiendrait des effets tout différents sur la
corde à boyau qui y serait immergée ; celle-ci deviendrait
molle et glissante aussitôt qu'elle serait mouillée; elle ne
pourrait être d'aucun usage.

« Un temps considérable est nécessaire pour cette préparation, plusieurs mois. En revanche, un bon fil se con-
serve indéfiniment, si on continue l'immersion; on peut
même dire qu'il s'améliore. »

Le fil ainsi préparé est presque aussi souple et aussi
résistant que le fil ordinaire, et pourrait le remplacer
avantageusement, même à ce seul point de vue ; mais sa
propriété principale, celle qui le fera préférer à tous les
autres, sera son absorption au sein des tissus, si, comme
nous le verrons plus loin, elle est définitivement démontrée.

Nous devons citer, à côté du fil de boyau phénique, le
catgut préparé à l'acide chromique préconisé et employé
par Macewen.

La ligature dont a fait usage ce chirurgien anglais dans
deux cas d'anévrysme publiés dans *British medical Journal,*
en 1878 et 1879, était composée de catgut préparé dans
une solution d'acide chromique et de glycérine. Elle était
de couleur noire, très solide et très flexible. Le nœud est
aussi plus solide que celui que l'on fait avec des fils de
soie cirés ; il n'a pas de tendance à glisser, et n'est pas
assez élastique pour céder aux pulsations carotidiennes.

Suivant l'auteur, des expériences ont prouvé qu'il conservait sa solidité pendant plus de quatre semaines. C'est dire que la macération dans l'acide chromique empêche la résorption du catgut ; mais alors, si l'on veut un fil solide et qui ne se résorbe pas, pourquoi se donner tant de peine et ne pas revenir à l'ancien fil de soie ou de lin, qu'on peut aussi rendre antiseptique, si l'on veut, en le faisant bouillir, à l'exemple de Billroth et de Czerny, dans une solution d'acide phénique ?

PROPRIÉTÉS DU CATGUT

« Celui qui trouvera, a dit Malgaigne, le moyen d'oblitérer les artères sans interposition d'un corps étranger qui empêche la réunion par première intention, rendra peut-être à l'humanité un service plus signalé que celui de A. Paré, inventant la ligature des vaisseaux dans les amputations. »

Il semble que le fil du boyau phéniqué promette de réaliser le désidératum signalé par l'éminent professeur dont nous rapportons les paroles.

En effet, sa propriété spéciale, fondamentale, on peut le dire, puisque c'est d'elle que découlent toutes les autres, est sa *disparition au sein des tissus*, soit par absorption pure et simple, soit par une sorte d'organisation de la corde animale qui commence par se gonfler et s'infiltrer d'éléments jeunes, puis disparaît en laissant de nombreux vaisseaux au point qu'elle occupait.

C'est là l'opinion de Fleming (1), qui, après une série

(1) *De la manière dont se comporte le catgut phéniqué introduit dans les tissus vivants.* — W. J. FLEMING, *Lectures on physiology,* Glascow Royal infirmary school of medecine. (*The Lancet,* 1876.)

d'expériences sur les chiens et les lapins, a vu le catgut se ramollir par suite d'une infiltration de cellules, probablement de leucocytes, et se transformer en un tissu de granulations pénétré par des vaisseaux sanguins.

Ce ramollissement se fait dans un temps qui varie de 5 à 20 jours, suivant la variété de catgut, le tissu où il est introduit, l'âge et la vitalité de l'animal.

Nous ignorons si les expériences de Fleming ont reçu confirmation ; mais il paraît bien difficile d'admettre qu'un tissu mort, même de nature animale, puisse se vasculariser sur place et se transformer en tissu vivant. Il semble plus probable que le tissu de granulations a simplement pris la place du catgut disparu et entraîné par l'absorption.

Quoi qu'il en soit de leur interprétation, les travaux de Fleming viennent à l'appui de l'absorption possible du catgut, dont nous trouverons encore des preuves dans les recherches de pathologie expérimentale et dans les faits cliniques.

Sans parler des premières expériences faites au commencement du siècle par A. Cooper, Wardrop, etc., ni de celles plus récentes et bien connues de Lister, nous nous contenterons de rapporter les résultats obtenus par quelques auteurs plus rapprochés de nous.

Eliaschewitsch (1), recherchant ce que devenaient les fils de catgut abandonnés dans une plaie, les a vus, dès qu'ils étaient en contact avec des granulations, se fendiller sur toute leur périphérie ; puis il s'en détachait des fibrilles qui se morcelaient à leur tour, et ne constituaient plus finalement qu'un détritus granuleux. Ce processus com-

____

(1) ELIASCHEWITSCH, *Des différents fils employés dans la suture.* (*Journ. de méd. milit. russe*, juin 1875, et *Centralb. für chirurg.*, 1875, n° 43.)

mençait le cinquième jour pour des fils ayant servi à la ligature des grosses artères chez le chien ; au bout d'un mois, on ne trouvait plus trace de la ligature.

De son côté, Murinoff (1), expérimentant sur des chiens et des lapins, est arrivé à des résultats analogues. Il a constaté que toutes les ligatures au bout de deux ou trois jours étaient imbibées de sucs ; au septième jour, elles étaient gonflées, molles, recouvertes d'une mince couche transparente de tissu conjonctif ; les nœuds étaient adhérents aux tissus environnants. Les fils les plus fins étaient résorbés en 10 jours ; le catgut n° 4 de Lister en 20 ou 30 jours. Cette disparition se fait par une division du fil en fibrilles qui disparaissaient peu à peu au contact des granulations.

Nous avons fait nous-même sur les animaux, au sujet de l'absorption du catgut, quelques expériences dont voici le résultat.

Sur des chiens de taille moyenne, nous avons pratiqué simultanément la ligature de la fémorale d'un côté et de la carotide du côté opposé. Les fils employés sont des fils de catgut préparés dans l'huile phéniquée et provenant de la fabrique d'objets de pansements de Schaffhouse. Les numéros des fils vont de 0 à 3. Nous n'avons employé que le n° 2 (ligature de la fémorale), et n° 3 (ligature de la carotide), les plaies ont été suturées avec des fils ordinaires et sans aucune précaution antiseptique.

(1) D. MURINOFF, *Des ligatures faites avec des fils de boyau.* (*Dissert., inaug. de Saint-Pétersbourg* (1875), et *Centralb. für chirurg.*, 1875, n° 43.)

EXPÉRIENCE I

Ligature fémorale droite (catgut n° 2); fils coupés ras; examinée quatre jours pleins après l'opération.

La plaie de la cuisse est cicatrisée et s'est réunie par première intention; une atmosphère de lymphe plastique entoure la ligature dont le nœud, parfaitement reconnaissable, paraît presque intact, quoique déjà ramolli. Le bout inférieur de l'artère est aplati, affaissé; le bout supérieur, au contraire, paraît distendu; — pas de caillot au bout inférieur; — petit caillot rouge de très peu de longueur, mais adhérent dans le bout supérieur. La tunique interne est intacte, mais la tunique élastique moyenne paraît rompue et les deux tuniques, interne et externe, semblent se toucher sans interposition de tissu.

EXPÉRIENCE II

Ligature de la carotide gauche à la partie moyenne (catgut n° 3). — Chefs du fil coupés ras; examinée quatre jours après l'opération.

La réunion immédiate est complète, sauf en un point de la partie supérieure.

La portion dénudée du vaisseau adhère dans toute son étendue avec les tissus voisins, par l'intermédiaire d'un tissu de granulations, ou lymphe plastique, nouvellement formé. Un caillot rouge non adhérent occupe le bout cardiaque de l'artère se prolongeant jusqu'à la naissance de la carotide; dans le bout périphérique, caillot de 1 centimètre à sommet conique s'arrêtant à 4 millimètres au-dessous de la bifurcation de la carotide primitive. Les caillots supérieurs et inférieurs adhèrent par leurs bases aux bords des tuniques interne et moyenne sectionnées. Au niveau du bout cardiaque, l'artère est ulcérée dans une étendue de 2 à 3 millimètres, mais seulement dans la moitié antérieure de son calibre, les tuniques demeurant intactes dans le segment postérieur, sauf la section nette des membranes interne et moyenne coupées par la ligature; l'ulcération est comblée par le tissu de granulations qui forme la

virole externe. On ne trouve *plus de traces du catgut* qui a dû être
en partie résorbé, mais dont le nœud a dû ulcérer la moitié correspondante du vaisseau et s'éliminer par le trajet fistuleux situé à
l'extrémité supérieure de l'incision. L'oblitération de l'artère est
complète et très solide ; il n'y a pas traces d'hémorrhagie.

EXPÉRIENCE III

*Ligature de la fémorale gauche (catgut nº 2); les deux chefs du fil sont
laissés longs de 1 ou 2 centimètres; examen sept jours après l'opération. — La plaie est complètement cicatrisée.*

L'atmosphère celluleuse enflammée qui entoure la partie dénudée
de l'artère forme une virole adhérente à la tunique externe qui est
continue et intacte dans toute son étendue, sans trajet fistuleux.
Vue de l'extérieur, l'artère présente un aspect fusiforme sans trace
d'étranglement ni *du fil à ligature.* A la coupe, la tunique externe
semble se confondre avec le tissu conjonctif enflammé qui l'entoure ;
le caillot est continu, très adhérent, et ne présente pas trace de
séparation ni d'étranglement ; son aspect est fusiforme, et l'on ne
reconnaît le lieu d'application de la ligature qu'au point de section
des tuniques interne et moyenne, correspondant à la portion la
plus épaisse et la plus adhérente du caillot. Celui-ci se termine
supérieurement à 24 millimètres, inférieurement à 10 millimètres
du point qui devrait correspondre à la séparation de ses deux bases ;
le sommet inférieur s'arrête à 5 millimètres au-dessus d'une collatérale importante.

EXPÉRIENCE IV

*Carotide droite liée avec le catgut nº 3. — Les chefs du fil laissés longs
de 1 ou 2 centimètres; examinée sept jours après.*

La cicatrisation est complète le cinquième jour. Dans toute l'étendue de la dénudation de l'artère existe une virole très épaisse de
tissu conjonctif nouveau qui entoure complètement le vaisseau et
lui est très adhérente ainsi qu'aux tissus voisins. Cette virole est
interrompue par une petite perte de substance représentant une
sorte de trajet fistuleux qui paraît correspondre au lieu occupé par

le nœud du fil à ligature. L'autre présente à peine un léger rétrécissement à l'extérieur. La tunique externe est continue dans toute
son étendue, sans ulcération, mais adhérente au tissu de granulations nouvellement formé. A l'intérieur, le vaisseau est solidement
obturé par un double caillot; l'inférieur se prolonge jusqu'à l'origine de l'artère, mais n'adhère à la paroi qu'au voisinage de la
ligature; le supérieur, adhérant sur une plus grande longueur, arrive
jusqu'au-dessus d'une collatérale oblitérée elle-même et naissant à
3 centimètres du point lié. La bifurcation en carotide interne et
externe se fait un peu plus haut. *Le fil de catgut n'est pas retrouvé.*
Les deux tuniques interne et moyenne sont sectionnées et adhèrent
fortement aux deux caillots, qui semblent se continuer par leurs
bases et dont la limite est à peine marquée par un léger étranglement.

EXPÉRIENCE V

Carotide examinée onze jours après l'opération.

Réunion immédiate le quatrième jour. Artère intacte dans toute
son étendue. On aperçoit à peine à l'extérieur un léger rétrécissement au niveau de la ligature. Caillot inférieur (central), 2 centimètres, ferme, adhérent; caillot supérieur, 2 centimètres 1/2, très
adhérent par sa base à la tunique interne et moyenne sectionnées.
*Le catgut se distingue encore sous la forme de filaments circulaires au
niveau de l'étranglement* et qui tendent à se confondre avec les fibres
de la tunique celluleuse intacte dans tout son calibre et avec le tissu
conjonctif ambiant; le nœud est encore appréciable, mais à peine
sensible au toucher.

EXPÉRIENCE VI

*Fémorale examinée onze jours après la ligature (catgut n° 2 coupé ras).
Réunion par première intention. — Cicatrisation complète le cinquième jour.*

Au niveau de la ligature, épaississement des tissus. Virole épaisse
de tissu conjonctif de nouvelle formation présentant une sorte de
trajet infundibuliforme en voie de cicatrisation et dont le fond cor-

respond à l'artère. Celle-ci est sectionnée dans les trois quarts de son étendue; un pont formé par la tunique externe persiste cependant en arrière. Dans chaque bout existe un caillot rougeâtre de 1 centimètre 1/2 de longueur, le supérieur plus épais, tous deux fermes, très adhérents. On les détache difficilement de la tunique interne à laquelle ils sont unis par des tractus conjonctifs nombreux et très visibles, déjà assez résistants, particulièrement au niveau de la section des tuniques interne et moyenne.

Le catgut a disparu; il est probable que le nœud aura ulcéré les tuniques; puis, la partie du fil correspondante au pont de tunique externe restée intacte s'étant résorbée, le reste aura été éliminé à travers le trajet fistuleux dont on retrouve la trace au-dessous de la cicatrice cutanée.

EXPÉRIENCE VII

Fémorale examinée neuf jours après la ligature. — Un des chefs du fil a été laissé long de 2 centimètres. — L'artére était trés-petite au lieu d'élection et la ligature a dû être reportée prés de l'arcade crurale.

Cicatrisation par première intention. Au point dénudé, des adhérences nombreuses unissent l'artère aux tissus voisins; cependant le tissu de granulations est ici bien moins développé que dans la plupart des expériences précédentes. *Le catgut est retrouvé.* Son anse est encore entière et enserre complètement le vaisseau; la tunique externe n'est pas coupée, mais les tuniques interne et moyenne sont sectionnées et le pont de tunique externe seul retient le fil enseveli au fond d'un sillon. Le fil animal a subi déjà un certain ramollissement; il est encore assez résistant et se sépare par fibrilles lorsqu'on cherche à le distendre; le nœud est très apparent; les deux chefs se confondent avec lui et l'on ne retrouve plus la trace des 2 centimètres de fil laissés adhérents à l'un d'eux. Le caillot est petit, mais adhérent; une collatérale naissait à 3 millimètres au-dessus du pont lié. L'artère est pourtant solidement oblitérée.

EXPÉRIENCE VIII

*Carotide droite, neuf jours après l'opération (catgut n° 3.
¦ Chef de 2 centimètres).*

Réunion immédiate dans toute l'étendue de la plaie, sauf à la
partie supérieure où un des points de suture oublié a maintenu un
trajet fistuleux superficiel. Cicatrisation des parties profondes complète. Adhérences nombreuses avec la tunique externe dénudée se
continuant avec les tissus enflammés. mais intacte dans toute son
étendue ; *pas de traces du catgut ;* caillot volumineux, rougeâtre,
déja décoloré, très adhérent, se prolongeant en haut à 1 centimètre
et en bas à 25 millimètres. Les tuniques interne et moyenne sont
coupées et se confondent intimement avec la face externe du
caillot.

EXPÉRIENCE IX

*Carotide examinée quatorze jours après l'opération (ligature avec un fil
de catgut n° 3 dont un chef est laissé long de 2 centimètres).*

La cicatrisation est absolument complète au quatrième jour et le
tissu cellulaire sans adhérence avec la cicatrice. La ligature placée
à la partie moyenne de la carotide se distingue seulement au toucher par une induration particulière, mais le vaisseau se détache des
tissus voisins presque aussi facilement qu'à l'état normal. Le *catgut*
n'a laissé d'autres traces qu'un léger étranglement sur la tunique
externe qui est intacte et se continue nettement à la coupe dans
toute l'étendue. Le bout inférieur de l'artère est rempli par un caillot qui descend jusqu'à son origine ; il est brun-rougeâtre, adhérent
seulement à la partie supérieure. Le caillot supérieur, long de
24 millimètres, se termine en pointe à 6 millimètres au-dessus d'une
collatérale ; il est adhérent dans toute son étendue et ne peut se
détacher que par lambeaux. Au point lié, le caillot est tellement
adhérent aux bords des tuniques interne et moyenne coupées, qu'il
fait corps avec elles, formant une cicatrice très solide.

EXPÉRIENCE X

Fémorale droite liée en deux points laissant entre eux un intervalle de 3 centimètres 1/2 sans dénudation de cette portion du vaisseau; la ligature inférieure a été appliquée la première et le fil employé est le catgut n° 2; à chacune un chef de 2 centimètres est laissé adhérent.

La cicatrisation de la plaie s'est faite très rapidement, à l'exception de l'angle inférieur où elle n'a été complète que le huitième jour, à cause de la section de la peau par un des fils de la suture. *Quatorze jours* après l'opération, nous trouvons l'artère adhérant lâchement aux parties voisines dans sa moitié supérieure, plus intimement à la partie inférieure où elle est entourée par une gaine assez épaisse de tissu conjonctif. A 9 millimètres au-dessous de l'épigastrique augmentée de volume, un léger sillon se voit sur le calibre de la crurale, dans lequel il est possible de reconnaître encore *quelques filaments du fil constricteur.* A la coupe, pas de caillot en ce point; pourtant la tunique interne est manifestement coupée, et à ce niveau existe une infiltration inflammatoire qui contribue avec les bords de la tunique interne à obturer solidement l'artère; la tunique celluleuse est intacte, la tunique élastique est très probablement sectionnée.

La *ligature inférieure* porte sur la fémorale superficielle à 3 centimètres 1/2 de la précédente et à 2 centimètres au-dessous de la naissance de la fémorale profonde. Il n'existe plus ici de traces du *fil de catgut;* les deux tuniques intérieures sont coupées; la tunique externe est continue et adhère au tissu de nouvelle formation qui l'entoure. Un caillot rougeâtre très adhérent remplit le calibre du vaisseau, et son sommet ne remonte pas tout à fait jusqu'à l'éperon de bifurcation.

La *fémorale profonde*, beaucoup plus volumineuse, n'a pas été intéressée par l'opération. Elle présente cependant un caillot court, mais solide, qui l'oblitère complètement; il paraît formé plutôt de tissu conjonctif organisé que des éléments du sang; la hauteur est de 4 millimètres et son siège à 5 millimètres de la bifurcation. La partie de la fémorale commune intermédiatre est libre.

EXPÉRIENCE XI

Fémorale droite. — Ligature double et dénudation de la partie du vaisseau intermédiaire dans l'étendue de 5 centimètres (catgut n° 2). — Le chef de la ligature inférieure, long de 10 centimètres, est roulé au fond de la plaie.

Examen seize jours après. — La plaie a suppuré pendant huit jours. Le dixième jour, elle est cicatrisée. L'artère, disséquée depuis l'arcade crurale jusqu'à 5 centimètres au-dessous de la bifurcation en fémorale profonde, est absolument saine et exempte d'adhérences dans toute son étendue, excepté dans l'espace de 5 centimètres correspondant à la partie dénudée où les tissus voisins sont intimement unis avec la tunique externe qui a contracté des adhérences avec la veine fémorale. A la partie moyenne, la tunique externe paraît amincie et présente même une petite perforation. Cette virole inflammatoire considérable qui entoure la portion du vaisseau dénudée par l'opération est bien moins accusée au niveau des deux ligatures.

Au point d'application de la ligature inférieure se voit un sillon bleuâtre recouvert par une mince lame de tissu transparent. *Le fil de catgut occupe le fond de ce sillon* et y semble comme enkysté ; il paraît peu modifié, quoique ramolli et infiltré. Les deux chefs se confondent avec le nœud, et il ne reste plus trace des 10 centimètres de catgut laissés dans la plaie. On le détache avec beaucoup de peine ; vu par la partie interne, il a sectionné les deux tuniques intérieures et se voit par transparence à travers la tunique celluleuse encore intacte et qu'il faut rompre pour amener le fil au dehors. L'artère est oblitérée par une cicatrice très résistante, quoique peu étendue en hauteur. Elle paraît formée surtout de tissu conjonctif organisé. A la ligature supérieure, le *catgut a disparu*, la tunique externe est restée intacte ; les deux tuniques interne et moyenne coupées sont confondues avec une cicatrice rougeâtre, très solide, organisée, dans laquelle le microscope a démontré l'existence de tissu conjonctif de nouvelle formation.

Une petite partie de l'artère est libre à la partie inférieure ; le reste de son calibre est rempli par un caillot brun rougeâtre présentant un commencement d'organisation.

EXPÉRIENCE XI

*Ligature de la carotide primitive gauche (catgut n° 3). — Un fil de 5 cen-
timètres est laissé au fond de la plaie, adhérent à la ligature.*

La plaie est réunie le septième jour après un peu de suppuration
pendant quarante-huit heures.

Examen au seizième jour. — L'artère se détache facilement des
tissus environnants ; de très faibles adhérences existent au niveau de
la ligature dans l'étendue de la dénudation. La tunique externe est
intacte et ne présente plus de traces de l'étranglement. L'aspect du
vaisseau au niveau du point lié est plutôt fusiforme. *Le fil de catgut
a entièrement disparu.*

A la coupe, le bout inférieur renferme un coagulum long de
3 centimètres, peu épais, décoloré, à peine rosé. Au niveau de la
ligature, sur un espace de 6 millimètres, le caillot est transformé
en un tissu d'aspect charnu, remplissant tout le calibre du vaisseau,
et impossible à séparer, et même à distinguer des tuniques artérielles. Dans tout le reste de son étendue, l'artère est absolument
saine. Le caillot du bout supérieur a disparu, laissant seulement
une coloration rosée de la membrane interne au point qu'il devait
occuper.

Si nous analysons les résultats de ces quelques expériences, nous bornant à rechercher ce que devient le fil de catgut, ses effets sur les tuniques artérielles et sur l'oblitération du vaisseau, nous trouvons que, sur 14 ligatures, le
fil a disparu 11 fois, et 3 fois seulement il a été retrouvé
peu altéré.

Parmi ces 3 cas où la ligature entourait encore solidement le vaisseau, nous rencontrons l'expérience I (4 jours),
où le peu de temps écoulé suffit à rendre compte du fait ;
et enfin, les expériences VII (9 jours) et XI (16 jours
après) : notons en passant que ce sont trois ligatures de la

fémorale. Une circonstance qui nous a frappé dans ces trois exemples, et qui nous paraît pouvoir expliquer en quelque façon la persistance du fil de catgut, c'est le *peu de réaction inflammatoire* qui existait autour du vaisseau et du fil à ligature, et l'*absence de caillot*. Nous nous sommes demandé s'il ne s'était pas produit, dans ces circonstances, une sorte d'enkystement du fil (bien constaté dans une de nos observations (XIe), et s'il ne fallait pas, pour que le fil animal fût résorbé, qu'il se trouvât en contact direct avec les granulations de formation nouvelle dont la puissance d'absorption est si active. Et cette idée n'est pas une simple vue de l'esprit. Déjà nous avons vu, dans les recherches rapportées plus haut d'Eliaschewitch, que l'absorption du catgut se faisait surtout au contact des granulations inflammatoires, et la propriété si remarquable des bourgeons charnus d'absorber les substances déposées à leur surface, même les matières inorganiques, est un fait connu de tous.

Or, en mettant à part notre premier cas où la ligature ne datait que de quatre jours, nous notons dans le deuxième (exp. VII) que le tissu de granulations est bien moins développé que dans les expériences précédentes, et, dans le troisième (exp. XI), un véritable enkystement du fil à ligature par une membrane mince et transparente qui la recouvre à la partie externe. A l'absence de granulations extérieures à l'artère vient s'ajouter dans les trois observations *l'absence ou le peu de volume du caillot,* et le peu de réaction inflammatoire des tuniques artérielles elles-mêmes.

Cette explication nous aide également à comprendre pourquoi, dans les deux derniers cas où l'un des chefs du fil animal avait été enfermé dans la plaie, il nous a été impossible de retrouver les 2 centimètres (exp. VII) et les 10 centimètres de catgut (exp. XI), qui adhéraient au nœud et n'ont pu s'en séparer et disparaître que par résorption.

Dans deux expériences il est possible de reconnaître encore les fibres de catgut en voie d'absorption (V et VII) ; dans toutes les autres il avait complètement disparu, au 4ᵉ jour ? (II), au 7ᵉ (III et IV), au 9ᵉ (VIII), au 11ᵉ jour ? (VI), au 14ᵉ (IX et X), au 16ᵉ jour (exp. XI et XII).

Deux fois (exp. II et VI), nous avons trouvé la tunique celluleuse ulcérée dans la partie de son calibre correspondant au nœud de la ligature ; mais jamais sa section n'a été complète. Donc le fil a dû forcément se résorber en partie ; et, si nous n'admettons pas facilement qu'un nœud de catgut nᵒ 2 ait pu être absorbé au 4ᵉ jour (exp. II), du moins sommes-nous obligé de reconnaître qu'une résorption partielle a dû avoir lieu pour permettre l'élimination du nœud et de la partie restante. Dans l'expérience VI l'absorption du fil est également douteuse, quoique plus admissible, et on est tenté de croire qu'il s'est passé là les mêmes phénomènes que dans la précédente, en raison de l'ulcération partielle de la tunique externe et du trajet fistuleux en voie de cicatrisation qui existe.

En résumé, 3 fois le fil a été retrouvé ; dans deux cas douteux il a pu n'être que partiellement résorbé, avec élimination du nœud, et 9 fois enfin il a été absorbé entièrement ou n'a laissé que des fibrilles à peine appréciables.

En examinant les effets produits sur les tuniques artériélles, nous voyons la tunique externe ulcérée partiellement dans deux expériences, jamais complètement sectionnée ; sans altération dans les 12 autres cas. Nous

avons toujours constaté la section des tuniques interne
et moyenne, sauf dans la première expérience, où la tunique interne paraissait encore intacte, et la dixième, où
la section de la tunique élastique reste douteuse

Enfin, l'oblitération de l'artère était toujours complète
et très solide ; aucune hémorrhagie secondaire ne s'est
produite ; le caillot existait dans presque tous les cas ; il
était très petit là où le catgut ne s'était pas résorbé, et
encore dans l'expérience X, où quelques filaments du fil
constricteur étaient encore visibles. Mais, même dans ces
circonstances défavorables, une cicatrice fibreuse résistante obturait complètement le vaisseau.

Quant à l'influence que la présence des fils a pu exercer
sur la cicatrisation de la plaie, nous avons pu constater
que la réunion immédiate s'est faite dans presque tous
les cas. Toutes les fois que la suppuration s'est produite,
elle s'expliquait facilement : dans la XIᵉ expérience par la
dénudation de la partie de l'artère comprise entre deux
ligatures ; dans quelques autres elle a été très limitée et
causée par des fils de suture laissés trop longtemps, qui
ont ulcéré la peau tandis que les parties profondes étaient
réunies. Les plaies au fond desquelles de longs chefs de
catgut avaient été abandonnés se sont cicatrisées aussi
vite que les autres, et il est même remarquable de constater le peu de réaction inflammatoire qu'ont provoqué
autour d'elles les anses de fil non absorbés, qui contras-
tait même dans certaines expériences avec les néoforma-
tions considérables qui s'étaient développées sur les portions voisines du vaisseau.

Si maintenant, à l'appui des faits d'expérimentation,
nous interrogeons les faits d'observation clinique, les

résultats sont sensiblement les mêmes, et peut-être encore plus favorables à l'emploi du fil animal.

Sans doute on a cité des cas où l'on avait vu s'éliminer avec la suppuration le fil de catgut encore intact. Gascoyen (1), à la suite de la ligature de la fémorale, vit la réunion immédiate se faire dans toute l'étendue de la plaie, sauf en un point qui resta fistuleux jusqu'à ce que le fil à ligature fût éliminé, ce qui n'arriva que six semaines plus tard. Pemberton (2), de son côté, rapporte une observation de ligature de l'iliaque externe qui fut suivie de suppuration et d'abcès au niveau de la ligature lorsque la plaie cutanée était sur le point de se cicatriser; on trouva dans le pus le catgut parfaitement intact et sans trace de résorption.

Mais, à côté de ces faits exceptionnels, combien d'autres, dans lesquels la réunion immédiate s'est faite en peu de jours, témoignent en faveur de la résorption du catgut qui a disparu sans laisser de traces et sans élimination!

C'est dans la pratique des chirurgiens anglais qu'il faut chercher surtout des exemples du nouveau procédé de ligature, et, pour ne parler que des ligatures faites pour des anévrysmes, les seules qui rentrent directement dans notre sujet, nous en avons relevé un certain nombre dans ces dernières années, dont nous donnerons plus loin le tableau.

Il existe, on peut le dire, trois courants d'opinion en Angleterre au sujet des ligatures au catgut, et les discussions qui ont eu lieu à la *Clinical Society of London* les ont parfaitement mis en relief. Les unes repoussent

(1) *British medic. journal*, nov. 1875.
(2) *The Lancet*, vol. II, 1878.

absolument l'emploi du catgut, non pas qu'ils lui refusen
la propriété d'absorption, mais tout au contraire parce
qu'il est trop vite résorbé et expose ainsi au danger d'hémorrhagie. D'autres, parmi lesquels il faut citer Gascoyen,
Maunder, emploient le catgut, mais avec réserve, redoutant aussi l'hémorrhagie secondaire, quoique Maunder (1)
ait reconnu avoir obtenu toujours d'excellents résultats
de cette méthode qui, pour lui, seulement est un peu
aléatoire ; de telle sorte « qu'on ne peut dire à l'avance ce
que deviendra une ligature avec le catgut faite sur une
artère dans la continuité ».

Enfin un très grand nombre de chirurgiens anglais, au
premier rang desquels, en dehors de Lister, il faut citer
Holmes, Nankievell, O. Pemberton, Spencer Watson, etc.,
ont reconnu et préconisé tous les avantages du fil de
boyau.

En France, à côté des partisans enthousiastes des idées
et de la méthode de Lister, on peut dire que la plupart
des chirurgiens n'ont pas encore d'opinion bien arrêtée
sur ce genre de ligature, et attendent de nouveaux faits
pour en apprécier la valeur. E. Bœckel (de Strasbourg) a
fait connaître à plusieurs reprises en faveur de l'emploi
du catgut d'intéressantes observations ; et, dans un travail
récemment publié dans la *Gazette hebdomadaire* (2), il
rapporte huit cas de ligatures faites dans la continuité
avec le fil de catgut phéniqué. Ces faits, dont quelques-
uns très remarquables au point de vue de la rapidité de

---

(1) *De la ligature antiseptique des artères dans la continuité avec catgut.* C. MAUNDER, surgeon to the London hospital. (*The Lancet,* 1884.)

(2) *De l'emploi du catgut pour les ligatures d'artères dans la continuité* E. BÖCKEL (*Gaz. hebd. de méd. et de chirurg.,* 1880, nᵒˢ 9 et 10).

la guérison (dans l'un d'eux le malade a pu sortir de l'hôpital deux jours après la ligature de l'humérale, la plaie
réunie par première intention), sont les meilleures preuves à apporter pour démontrer l'absorption des fils de
catgut.

Dans l'observation que nous rapportons de ligature de
l'iliaque externe, nous avons pu assister à cette résorption du fil animal, qui s'est faite en quelque sorte sous
nos yeux. Le chef laissé au dehors s'est séparé nettement au niveau des bourgeons charnus des lèvres de la
plaie, prouvant ainsi que toute la portion en rapport
avec les granulations inflammatoires avait disparu par
absorption. Un fait analogue est rapporté par M. Tréherne Norton (1) à la Société clinique de Londres : un
des bouts du catgut laissé en dehors de la plaie tomba le
quatrième jour, sans entraîner le nœud.

Nous croyons donc qu'il est impossible aujourd'hui de
nier la possibilité et la fréquence de l'absorption des ligatures au catgut; — nous n'allons pas cependant jusqu'à
dire que cette substance soit toujours résorbée sans élimination. Mais, dans tous les cas, elle possède un avantage reconnu de tous : c'est son innocuité parfaite au sein
des tissus, et la facilité avec laquelle on obtient la réunion immédiate de ces plaies chirurgicales faites pour
lier une artère, plaies que récemment encore M. le professeur Verneuil déclarait dangereuses à réunir. (Société
de chirurgie, juillet 1874.)

Il nous reste à rechercher si le mode d'oblitération des
artères diffère, à la suite de l'emploi du catgut, des

____

(1) Tréherne Norton, *Société clinique de Londres,* 23 février 1877, et
The Lancet, mars 1877.

phénomènes depuis longtemps observés après les ligatures ordinaires, et si les reproches qu'on lui adresse ont
quelque chose de fondé.

Certains chirurgiens, Spencer Watson (1) en particulier, croient que le catgut ne sectionne pas d'ordinaire
les tuniques interne et moyenne, et d'ailleurs qu'on n'a
pas besoin de chercher à obtenir ce résultat, mais qu'il
suffit de serrer suffisamment pour accoler les parois du
vaisseau. Il résulte néanmoins de l'observation publiée
que tout s'est passé en réalité comme dans les cas ordinaires.

D'autres auteurs vont même jusqu'à croire que le fil
de catgut ne fait qu'aplatir les artères et que la circulation pourrait s'y reproduire après la résorption du fil à
ligature, ce qui serait, suivant eux, une condition excellente après la solidification d'un anévrysme.

Disons tout de suite que la plupart des faits expérimen-
taux et cliniques démontrent que la ligature au catgut
agit absolument comme la ligature ordinaire et sectionne
les tuniques intérieures du vaisseau, tandis qu'elle res-
pecte la tunique celluleuse, le fil s'étant résorbé le plus
souvent avant que la membrane soit ulcérée.

Nos expériences confirment pleinement ce fait, ainsi
que la production d'un caillot aussi résistant et aussi volumineux qu'après toutes les autres ligatures, malgré l'o-
pinion de Senftleben, d'après lequel le caillot se forme-
rait rarement à la suite des ligatures au catgut.

Le fil animal joint ainsi, à l'avantage d'oblitérer l'artère
aussi solidement que le fil ordinaire, celui de favoriser

____

(1) SPENCER WATSON. *Du catgut dans les ligatures d'artères au-dessus
d'un anévrysme (Medical Times and Gazette,* vol. II, 1878).

la réunion immédiate et de sectionner très rarement la tunique externe de l'artère, ce qui est certainement une garantie contre les hémorrhagies secondaires, accident qu'on a tant reproché au catgut. C'est même là la seule objection sérieuse qu'on lui ait faite, les autres se bornant à lui dénier sa propriété de résorption et sa supériorité sur les fils ordinaires. Il faut bien reconnaître que, si ce reproche était fondé, il suffirait à faire entièrement rejeter l'emploi de cette substance animale dans la ligature des artères, la sécurité étant la qualité principale que l'on demande à toute méthode, surtout lorsqu'il s'agit de conséquences qui peuvent être si graves.

Heureusement, il n'en est rien, et cette appréhension, fondée surtout sur des idées théoriques, est démentie par l'expérience, le meilleur juge en pareille matière; il sera facile de voir, par le relevé que nous ferons des principales observations publiées sur la ligature au catgut, que les hémorrhagies secondaires ne sont pas plus fréquentes, sont même plus rares qu'avec les autres procédés.

Les raisons qui ont fait craindre les hémorrhagies secondaires à la suite des ligatures au fil animal sont les suivantes : le fil de boyau ne sectionne pas les membranes interne et moyenne, et de plus, se ramollissant très-vite, au bout de trois ou quatre jours quelquefois, la striction de l'artère n'est plus suffisante; et même, dans certains cas, il serait entièrement résorbé avant que l'oblitération du vaisseau fût complète.

Les expériences physiologiques mettent à néant ces idées préconçues, et nous avons vu qu'un des phénomènes les plus constants à la suite des ligatures au catgut était la section des tuniques interne et moyenne, la formation d'un caillot, et l'oblitération complète du vaisseau après trois ou quatre jours seulement. Il semble, au contraire, que la section de la tunique externe par le fil ordinaire doit prédisposer bien davantage à l'hémorrhagie.

On comprend, à la rigueur, que l'explication proposée puisse s'appliquer au fil posé sur l'extrémité d'un vaisseau ouvert dans une plaie ou sur un moignon d'amputation; mais il semble, au contraire, que, si les choses se passaient telles qu'on l'a prétendu, il y aurait avantage, dans une ligature faite sur la continuité du vaisseau, au-dessus d'un anévrysme, à obtenir une oblitération seulement *temporaire* de l'artère qui pourrait redevenir perméable; et le catgut serait une substance précieuse dans cette circonstance. D'ailleurs la pratique des chirurgiens qui suivent la méthode listérienne a prouvé que la ligature au catgut pour des plaies artérielles ne donnait pas lieu plus souvent que les autres aux hémorrhagies secondaires; et, d'après Holmes (1), dont personne ne contestera la compétence, elles sont rares et ne se produisent que lorsqu'on emploie du fil de catgut frais; dans ces conditions le fil n'a pas la solidité voulue, il est cassant, le nœud glisse aisément, et c'est de cette façon que se produisent les hémorrhagies. — En résumé, nous arrivons à des résultats à peu près analogues à ceux rapportés par E. Bœckel dans le travail déjà cité, et il nous semble ressortir, de l'étude que nous venons de faire des propriétés du fil animal, les conclusions suivantes :

1° Le fil de catgut phéniqué est le plus souvent absorbé

____

(1) HOLMES, *Clinical society of London*, nov. 1875, et *British medic. journ.*, nov. 1875.

au sein des tissus; dans les cas assez rares où il demeure plus longtemps intact, sa présence ne provoque aucune réaction inflammatoire et n'empêche pas la réunion par première intention;

2° Il oblitère le vaisseau lié par le même mécanisme que les autres ligatures, c'est-à-dire par la section des tuniques interne et moyenne, et la formation d'un caillot;

3° Il ne coupe pas ou très rarement la tunique externe de l'artère, et met ainsi à l'abri des hémorrhagies secondaires, ou tout au moins en diminue les chances;

4° L'oblitération du vaisseau est complète au moment de la résorption du fil.

Qu'il nous soit permis d'ajouter, en terminant, et appuyé de la grande autorité de Holmes, que la plupart des inconvénients, ou même des dangers reprochés aux ligatures de catgut, doivent être imputés à la mauvaise qualité du produit employé plutôt qu'au procédé de ligature lui-même.

RELEVÉ DE QUELQUES OBSERVATIONS DE LIGATURES D'ARTÈRES AU CATGUT, FAITES POUR LA CURE D'UN ANÉVRYSME.

ARTÈRE LIÉE.	SIÉGE DE L'ANÉVRYSME.	RÉSULTAT ET OBSERVATIONS.	NOM DU CHIRURGIEN et RENSEIGNEMENTS BIBLIOGRAPHIQUES
Iliaque externe.	Anévr. du pli de l'aine.	Réunion par 1re intention.	SPENCER WATSON, *Medical Times and Gazette*, vol. II.
Iliaque externe.	Pli de l'aine.	Réunion par 1re intention; le malade quitte l'hôpital le 22e jour.	PINKERTON, *The Lancet*, vol. II, 1878.
Fémorale.	Anévr. poplité.	Soulagement?	*Boston medical and surgical Journal*, mai 1879.
Fémor. au triangle de Scarpa.	Anévr. poplité.	Mort par septicémie. Cicatrisat. rapide de la plaie, suivie d'hémorrhagies à diverses reprises qui nécessitent la ligat. au-dessus et au-dessous de la 1re. (Smith met l'insuccès et l'hémorrhagie secondaire sur le compte d'une fluidité partic. du sang?)	TH. SMITH, *The Lancet*, vol. II, 1879.
Fémorale.	Anévr. poplité.	Guérison. Catgut à l'acide chromique.	MACEWEN, *British med. Journal*, fév. 1878.
Carotide primit.	Anévrysme carotidien.	Guéris. Catgut chromique.	MACEWEN, *British med. Journal*, sept. 1878.
2 observ. ligat. fémorale.	Anévr. poplité.	Guérison rapide.	WALSHE, *The Lancet*, vol. II, 1878.
Poplitée.		Oblitération définitive de l'artère av. complète disparition du fil à ligature.	BENNET, *The Dublin Journal of med. science*, oct. 1877.
Fémorale.	Anévr. poplité.	Guérison.	SHEEN, *The Lancet*, août 1876.
Ligat. des deux fémorales.	Anévr. des deux poplitées.	Guérison.	H. BLANC (de Bombay), *The Lancet*, II, 1876.
Deux ligat. de la fémorale.	Anévr. poplité.	Une guérison et une mort par *phlébite*.	TH. MORTON. Ligat. des grosses artères à l'hôpital de Pensylvanie, *American Journal*, 1876.
Iliaque primitiv. gauche.	Anévr. ischiatiq.	Mort par hémorrhagie de la poche.	KADE, *Journal de Saint-Pétersbourg*, 1876.
Iliaque externe.	Anévr. inguinal.	Guérison en 15 jours, suivie, le 18e, de suppuration de la poche. Guérison.	CARLESS, *The Lancet*, vol. II, sept. 1876.

ARTÈRE LIÉE.	SIÈGE DE L'ANÉVRYSME.	RÉSULTAT ET OBSERVATIONS.	NOM DU CHIRURGIEN et RENSEIGNEMENTS BIBLIOGRAPHIQUES.
Fémorale.	Anévr. poplité.	Guérison. Anévrysme secondaire au niveau de la ligature.	TH. SMITH, *British medical Journ.*, déc. 1877.
Humérale.	Anévr. du pli du coude.	Guérison très-rapide. Réunion par 1re intention.	J. BŒCKEL, Note à l'Académie des sciences par Sédillot, 2 av. 1877. *Arch. de méd.*, mai 1877, et *Gaz. hebd. de méd. et chir. in extenso*, 1877, n° 22.
Carotide primitive gauche.	Anévr. de l'orbite.	Guérison en 3 jours.	NIEDEN, *Centralb. für Chirurg.*, 1874.
Fémorale.	Anévr. poplité.	Guérison.	PEMBERTON, *The Lancet*, 1875.
Fémorale.	Anévr. poplité.	Guérison.	HOLMES, *The Lancet*, 1875.
Fémorale.	Anévr. fémoral.	Guérison.	C. HEATH, *The Lancet*, octobre 1875.
Cinq observ. de ligat. de la fémorale avec le fil de boyau phéniqué.			NAUKIWELL, *The Lancet*, décembre 1875.
Iliaque externe.	Anévr. ilio-fémorale.	Guérison.	SYDNEY JONES (St-Thoma's hospital), *The Lancet*, mai 1876.
Iliaque externe.	Anévr. multiples.	Guérison après suppuration et élimination de la ligature.	O. PEMBERTON, *The Lancet*, février 1875.
Carotide primitive.	Anévr. méningé moy.	Réunion immédiate. Absence totale d'accidents. Attribué par l'auteur à l'usage du catgut.	W. KREMNITZ, *Deutsche Zeitsch. f. Chirurg.*, t. IV, oct. 1874. — Analysé in *Revue des sc. médic.*, t. V, p. 692.
Fémorale.	Anévr. poplité.	Guérison.	BRYANT (Guy's hospital), *The Lancet*, oct. 1874.
Iliaque externe.	Anévr. fémoral.	?	TILLOTS, *The Lancet*, oct. 1874
Fémorale au triangle Scarpa.	Anévr. poplité.	?	W. MACEWEN, *The Glascow medic. Journal*, 1873).
Carotide et sousclav.	Anévr. innominé.	Guérison.	R. BARWELL, *The Lancet*, nov. 1877.
Humérale.	Anévrysme arc. palmaire.	Guérison.	SYDNEY JONES, *British medic. Journal*, oct. 1877.
Humérale.	Anévr. cubital.	Guérison très rapide.	
Sous-clavière.	Anévr. axillaire.	Réunion immédiate.	J. BŒCKEL (de Strasbourg), *Gazette hebd. de méd. et chir.*, 1880, nos 9 et 10.
Fémorale.	Anévr. poplité.	Vieillard de 79 ans ; le malade se lève 10 j. après l'opér.	
Carotide (méth. de Brasdor).	Anévr. carotid.	Guérison complète.	DELENS, Société de Chirurgie, 5 nov. 1879.

CHAPITRE III

Nous étudierons dans ce chapitre les effets de la ligature : 1° *sur le vaisseau lié;* 2° *sur la poche anévrysmale;*
3° *sur les parties voisines.*

§ I. — EFFETS SUR LE VAISSEAU LIÉ (1).

Depuis les travaux de Jones, la *section par le fil à ligature des tuniques interne et moyenne* est un fait admis par
tous comme le plus commun et le plus favorable à l'oblitération de l'artère. En raison de leur élasticité, les bords
des tuniques coupées se rétractent vers la lumière du
canal, et arrivent même à se toucher grâce à l'espèce de
froncement de la tunique externe amené par la striction
du fil. La cicatrisation peut ainsi se faire par première
intention, et au bout de peu de jours la cicatrice est assez
solide pour supporter le choc de la colonne sanguine,
encore diminué par la résistance du *caillot* qui se forme
habituellement.

---

(1) Nous envisageons ici de préférence les effets des ligatures faites avec
les fils ordinaires, l'action des fils de catgut sur les tuniques artérielles
nous ayant déjà suffisamment occupé dans le précédent chapitre.

Celui-ci n'est pas absolument constant, ainsi que nous le verrons bientôt en étudiant les divers modes d'oblitération des artères et l'évolution du caillot lui-même. En tous cas, il se forme de très bonne heure et résulte de la coagulation de la colonne sanguine comprise dans le cul-de-sac formé par la ligature; aussi sa hauteur est-elle variable et surtout en rapport avec la première collatérale.

Dans les premiers jours de l'opération, c'est un coagulum mou, contenant tous les éléments du sang analogue à celui que l'on décrit généralement sous le nom de *caillot passif*. On voit avec le temps ce caillot se décolorer, prendre un aspect fibrineux, en même temps qu'on assiste aux modifications histologiques des tuniques artérielles que nous décrirons plus loin.

Ce n'est que dans des circonstances rares que l'on voit se faire un dépôt primitif de substance fibrineuse; par exemple, lorsqu'une collatérale naît très proche de la ligature, empêchant ainsi le ralentissement du sang nécessaire à la coagulation en masse; et dans ce cas il n'existe qu'une très légère couche fibrineuse adhérente à la petite surface irrégulère formée par les lèvres de la division des membranes internes. Il se produit ici quelque chose d'analogue à ces minces dépôts filamenteux que l'on trouve quelquefois sur les valvules du cœur altérées, ou sur les bords d'ulcération aortiques.

La *section de la tunique externe* que nous avons vue être rare après les ligatures au catgut, est fatale avec le fil ordinaire qui doit nécessairement s'éliminer et pour cela couper le vaisseau. Le pont de tunique celluleuse qui retient l'anse du fil se mortifie, une inflammation ulcérative

se produit qui trace un sillon d'élimination ; et bientôt le fil
et la portion sphacélée de la tunique externe se détachent,
laissant une très légère perte de substance bientôt comblée par un exsudat plastique qui s'organise rapidement.
A ce moment, si la cicatrisation des tuniques interne et
moyenne n'est pas assez avancée, et si l'obstacle formé
par le caillot n'est pas suffisant, une *hémorrhagie secondaire* peut se produire.

Le moment de la chute du fil varie suivant le calibre de
l'artère : elle se fait en général du 6ᵉ au 8ᵉ jour pour les
artères de moyen calibre ; du 10ᵉ au 20ᵉ pour les vaisseaux
volumineux comme la fémorale, l'iliaque externe, la carotide.

Certaines conditions pathologiques peuvent entraîner
la *chute prématurée* des ligatures et exposer ainsi aux hémorrhagies secondaires ; telles sont : l'*athérome artériel*
si fréquent chez les sujets atteints d'anévrysmes, et encore
l'*inflammation des tuniques vasculaires*, circonstance plus
fréquente dans les ligatures d'artères au fond d'une plaie
bourgeonnante.

La *chute tardive* des ligatures (on a vu dans certains
cas le fil ne tomber que 30, 40, 50 jours après l'opération)
peut reconnaître plusieurs causes :

a. L'artère n'a pas été suffisamment dénudée.

b. On doit l'attribuer assez souvent, d'après M. le professeur Verneuil, au défaut d'inflammation des tissus qui
environnent l'artère (Durozier, thèse de Paris, 1875).

c. D'autres fois, la constriction du vaisseau n'est pas
suffisante pour empêcher toute circulation dans les tuniques artérielles au point où elles sont étreintes ; la ligature

reste alors *barrée* par le pont de tunique externe incomplètement serré pour que le sphacèle se produise.

d. Enfin les bourgeons charnus, qui l'enveloppent de toutes parts, peuvent encore retarder la chute du fil; mais il suffit alors de tractions modérées pour l'amener facilement au dehors.

Examinons maintenant de plus près comment se fait la cicatrisation des tuniques divisées et l'oblitération définitive. Nous avons vu comment les bords des membranes interne et moyenne pouvaient se réunir par première intention, et dans un instant il nous faudra revenir, à propos de l'évolution du caillot, à la prolifération de l'épithélium et des éléments conjonctifs de leurs parois.

Du côté de la tunique celluleuse il se produit aussi, très peu de temps après la ligature, une série de phénomènes intéressants. Il se fait une prolifération active des tissus environnants et du tissu conjonctif qui forme la gaine du vaisseau au-dessus et au-dessous du point où il a été dénudé.

Cette prolifération donne lieu à une exsudation plastique constituée par une masse de tissu embryonnaire qui englobe le lien et l'artère d'une virole fusiforme, d'aspect blanchâtre, et en peu de temps on voit se développer dans son épaisseur des vaisseaux nouveaux, prolongements des *vasa vasorum* qui font communiquer les deux bouts du vaisseau lié, formant plus tard ce que Porta a décrit sous le nom de *circulation collatérale directe*.

L'existence de cette virole de tissu conjonctif embryonnaire, et se continuant avec les tissus voisins de l'artère, était très manifeste dans un certain nombre de nos expériences.

Ce tissu embryonnaire se transforme postérieurement en un cordon fibreux plein réunissant les deux extrémités de l'artère sectionnée par la ligature, cordon que l'on retrouve longtemps après et qui a pu être pris quelquefois pour le calibre de l'artère elle-même devenue imperméable.

Nous nous arrêterons plus spécialement sur le mode d'oblitération de l'artère et la physiologie pathologique du caillot, en raison de l'intérêt particulier qui s'attache à ces phénomènes, surtout au point de vue de l'évolution de la poche anévrysmale après la ligature.

Formation et évolution du caillot. — Oblitération du calibre de l'artère. — Le calibre d'une artère examinée longtemps après la ligature, chez l'homme comme chez les animaux, est obstrué par un tissu organisé. qui présente tous les caractères du tissu conjonctif fibreux : c'est là un fait parfaitement reconnu. Mais cette néoformation conjonctive ne peut suffire à elle seule à produire l'interruption complète du cours du sang, les premiers jours qui suivent l'opération, et l'on a fait jouer le principal rôle tantôt au caillot sanguin (Notta, Baumgarten, Durante); tantôt à la division et à la rétraction des tuniques interne et moyenne (Jones, Travers, etc.); et enfin à la simple constriction mécanique du fil à ligature (Szuman, Senftleben).

La vérité n'est exclusivement ni dans l'une ni dans l'autre de ces théories. Car, d'un côté, il est aujourd'hui bien démontré que le caillot peut ne pas se former et l'oblitération être complète cependant et définitive ; très souvent il est microscopique et ne se continue pas toujours jusqu'à la première collatérale. Nous avons vu dans quelques-unes de nos expériences, en particulier dans l'expérience I, X et XI, le caillot être très petit ou manquer, et cependant le calibre de l'artère être solidement obturé par une cicatrice fibreuse résistante existant déjà peu de jours après l'opération. Nous citerons encore, à l'appui de l'opinion qui ne juge pas la présence d'un caillot indispensable, une observation de A. Barbosa (1) (ligature de l'iliaque primitive pour un anévrysme de la fosse iliaque), dans laquelle l'autopsie, faite sept jours après l'opération, démontra qu'il n'existait point de caillot au niveau de la ligature, mais une néoplasie de tissu conjonctif qui tendait à former une cicatrice fibreuse.

La rupture de la paroi interne du vaisseau semble être la condition nécessaire à la formation du caillot, et nous avons vu qu'à eux seuls ces deux phénomènes avaient pu suffire dans certains cas à produire une oblitération complète (ligature temporaire de Jones, Travers, etc.). Mais encore avait-il fallu qu'on laissât le fil 40 à 50 heures, et pendant ce temps les éléments de la paroi vasculaire et des tissus voisins avaient déjà subi un gonflement et une prolifération qui ajoutaient à la résistance du caillot et des bords renversés des tuniques.

Il faut donc le plus souvent faire intervenir, pour une part variable suivant les cas, mais toujours réelle, la résistance mécanique opposée par le fil à ligature lui-même, sans négliger l'influence du caillot et des bords bientôt cicatrisés des tuniques interne et moyenne.

Nous n'avons pas à examiner ici les diverses théories émises pour expliquer la coagulation du sang à l'air libre ou dans les vaisseaux. Les causes les plus appréciables

<hr>

(1) A. BARLOSA, *Mémoire sur la ligat. de l'art. iliaque primit.* (Lisbonne), analysé in *Revue des sc. medic.*, t. IV, p. 693.

pour nous sont : le ralentissement du cours du sang et l'altération de la membrane interne, auxquelles M. le professeur Richet ajoute avec raison les causes pathologiques : inflammation subaiguë des tnniques artérielles ou du sac anévrysmal. Nous avons vu précédemment que les deux parois du vaisseau peuvent adhérer entre elles et se cicatriser sans interposition du caillot ; déjà Scarpa avait observé ce fait, et de nos jours l'anatomie pathologique et la pathologie expérimentale s'accordent pour le constater. Mais le plus souvent cependant, surtout avec les fils à ligature fins ordinaires, les tuniques interne et moyenne sont sectionnées et un caillot se produit, remontant jusqu'à la première collatérale.

Certaines circonstances favorisent ou empêchent la formation du caillot, et l'on attache beaucoup d'importance à ces considérations en raison des hémorrhagies secondaires qui en peuvent être la conséquence. La *proximité d'une collatérale importante* est la cause la plus efficace de la non-formation du caillot et des hémorrhagies qui peuvent survenir à la chute de la ligature. Il est cependant un vaisseau qui semblerait se trouver, sous ce rapport, dans les meilleures conditions pour la coagulation du sang : c'est la carotide primitive liée à sa partie moyenne, et pourtant les hémorrhagies secondaires ne sont pas rares ; la cause en est probablement dans le retour facile de la circulation par le bout supérieur.

Nous savons que l'oblitération définitive de l'artère liée est constituée par un tissu fibreux organisé ; et il n'est plus possible aujourd'hui d'admettre que le *caillot permanent* soit uniquement dû aux éléments fibrineux du sang.

Mais, lorsqu'il s'agit de déterminer quelle est l'origine

et le point de départ de cette néoformation, les auteurs se divisent et nous rencontrons deux opinions principales : l'une qui admet l'*organisation du caillot sanguin,* et l'autre qui attribue la néoformation conjonctive et l'oblitération définitive du vaisseau exclusivement à la prolifération des éléments des tuniques artérielles. Chacune d'elles apporte à son appui les expériences et l'opinion d'hommes dont le nom fait autorité dans la science.

La première, soutenue d'abord par Manec, a été reprise de nos jours par certains auteurs allemands s'appuyant sur la découverte de Conheim; nous citerons parmi eux Reinhardt, Thiersch et Valdeyer, Recklinghausen, O. Weber, Bubonoff, Szuman, Senftleben.

La deuxième opinion est défendue avec talent par Notta, et avec lui les chirurgiens anglais Guthrie, Travers, Roser, enfin plus près de nous par Cornil et Ranvier, Durante, Baumgarten, Pfutzer, Raab, qui ont repris l'étude de la question au point de vue histologique.

Nous allons passer rapidement en revue quelques-uns des travaux les plus récents sur ce sujet.

Pour MM. Cornil et Ranvier (1), « l'oblitération définitive des artères à la suite de la ligature se fait par une néoformation dont le point de départ est l'artérite consécutive à la lésion traumatique. Quant au caillot, il disparaît par une suite d'altérations régressives semblables à celles qu'éprouve le sang lorsqu'il est épanché dans les tissus en dehors des vaisseaux. »

Durante (2) admet la formation d'un *caillot provisoire*

-----

(1) *Manuel d'histologie pathologique,* 1873, p. 654.
(2) Durante, *Recherches sur l'organisation du caillot dans les vaisseaux* (Archives de physiologie, juillet 1872).

constitué par un coagulum sanguin suivi d'un *caillot per-*
manent organisé exclusivement aux dépens de la prolifération de la membrane interne du vaisseau, dont les
bourgeons de tissu embryonnaire pénètrent à la manière
de rayons et d'îlots cloisonnant ainsi le caillot sanguin.
Celui-ci disparaît par absorption, et ces îlots de néoformation conjonctive, se réunissant, constituent ce bouchon
organisé, résistant et pourvu de vaisseaux (caillot permanent), dont l'apparence a pu faire croire à la vascularisation du caillot lui-même.

Les recherches expérimentales de Baumgarten (1),
Raab (2), Pfutzer (3), les ont conduits à des résultats analogues à ceux des auteurs français, mais avec quelques
modifications. Leur conclusion est que l'organisation du
thrombus cicatriciel est le résultat : 1° d'une prolifération
de l'endothélium ; 2° d'une prolifération inflammatoire de
la paroi vasculaire et des tissus ambiants, dont les bourgeons pénètrent par les fentes dans l'intérieur du vaisseau.
C'est ce bourgeonnement des granulations vasculaires
qui serait la source unique de tous les processus qu'on a
décrits sous le nom de vascularisation des caillots, car la
prolifération épithéliale, proprement dite, ne renferme
aucun vaisseau.

La théorie opposée, qui admet l'organisation du caillot
lui-même, a repris de nos jours une nouvelle faveur sous

(1) Baumgarten, *Recherches sur la prétendue organisation des caillots
dans les ligatures* (Société de médecine scientifique de Kœnigsberg, jan-
vier 1877).

(2) Raab, *Contribution à l'étude des modificat. anat. des vaisseaux
après la ligature.* (Arch. für pathol. anat. physiol., t. LXXV, 1879,)

(3) R. Pfitzer, *Du processus cicatriciel dans les plaies vasculaires.*
Arch. für pathol. anat. und physiol., t. LXXVII, 1879.)

l'influence des idées de Conheim sur l'évolution et la migration des leucocytes. D'après O. Weber, Bulonoff, Szuman (1), Senftlelen, Nadieschda Schultz (thèse de Berne, 1877), les leucocytes pénétrant à travers la paroi vasculaire, ou même les leucocytes contenus primitivement dans le caillot, pourraient se transformer en cellules fusiformes qui, au contact de celles de la membrane interne déchirée et du tissu cicatriciel nouvellement formé, achèveraient l'organisation du caillot. Ces auteurs ne nient pas, dans tous les cas, la participation de l'endothélium au travail cicatriciel, mais prétendent démontrer que la prolifération endothéliale n'est pas indispensable et que le gros du travail de réparation est dû aux leucocytes. Ils citent, à l'appui, l'ingénieuse expérience de Senftleben qui est la suivante (2) : On prend sur un animal, *mort depuis plusieurs jours,* un morceau de carotide muni d'une double ligature, et on le plonge dans de l'eau à 50 degrés. Il est bien probable que dans cette portion de tissu les épithéliums sont morts et incapables de proliférer : eh bien, si l'on introduit le morceau ainsi préparé dans la cavité abdominale d'un animal vivant (il s'agit de lapins et de chiens), on trouve au bout d'une huitaine de jours une cicatrisation parfaite du bout lié. Ce qui démontre, suivant Senftleben, que l'occlusion des vaisseaux liés peut se faire et probablement se fait toujours sans l'intervention de l'endothélium.

En nous en tenant aux phénomènes incontestables que

(1) L. Szuman, *Recherches sur l'oblitérat. tempor. et perman. des vaisseaux après la ligature et l'acupressure.* (Mémoires Soc. médic. de Varsovie, 1874. *Revue des sc. médic.,* t. V, p. 304.)

(2) Senftleben, *Occlusion des vaisseaux après la ligature* (Wirchow's Arch., t. LXXVI. *Gaz. hebd. de méd. et chirurg.,* 1880, n° 20, p. 325.)

nous montre l'anatomie pathologique, nous voyons, et nous avons pu le constater très nettement dans la plupart de nos expériences, à partir du quatrième ou cinquième jour, le caillot adhérer à la membrane interne, surtout au niveau des bords des tuniques sectionnées. Ces adhérences deviennent de plus en plus intimes : le caillot se détache difficilement de la tunique interne colorée en rouge, comme imbibée de la matière colorante du coagulum. Il semble qu'un tissu analogue à la lymphe plastique des cicatrices les réunit l'un à l'autre par des tractus conjonctifs très nombreux. Cet aspect d'organisation conjonctive, au sein du caillot et à la surface interne de l'endothélium, était très net dans la plupart des cas que nous avons rapportés plus haut, et le microscope est venu confirmer pleinement cette idée en nous montrant dans les tractus fibreux qui, nés de la tunique interne, cloisonnaient le caillot, des cellules fusiformes de tissu conjonctif en voie d'organisation fibreuse et des vaisseaux de nouvelle formation. C'était un véritable tissu embryonnaire que nous avions sous les yeux, envahissant de proche en proche et se substituant au coagulum sanguin, tel en un mot que l'ont décrit Cornil et Ranvier et Durante. Dans nos deux dernières expériences, notamment, où l'examen a été pratiqué seize jours après la ligature, le caillot obturateur présentait à l'œil nu un véritable aspect charnu, et, sous le champ du microscope, tous les caractères histologiques du *tissu sarcomateux*.

Il nous semble donc plus rationnel de conclure, avec ces derniers auteurs, que la guérison des vaisseaux liés a lieu par une prolifération inflammatoire de l'endothélium et des autres couches de la paroi vasculaire, prolifération déterminée par l'irritation locale du vaisseau (artérite), et celle des parties molles environnantes ; le tissu de nouvelle formation se transformera plus tard en tissu conjonctif fibreux, et, finalement, toute la portion oblitérée sera réduite en un cordon celluleux.

§ II. — EFFETS DE LA LIGATURE SUR LE SAC ANÉVRYSMAL.

Immédiatement après la striction du fil, et à moins de circonstances exceptionnelles (division prématurée du tronc de l'artère, etc.), la poche anévrysmale cesse de battre, s'affaisse et se vide d'une partie du sang qu'elle contenait. Cet affaissement de la poche, très évident après toutes les opérations, est amené à la fois et par l'élasticité du sac, aidée dans certains cas par une vraie contraction systolique de ses parois, et surtout par la réaction de toutes les parties molles qui enveloppent la tumeur. Quelquefois l'anévrysme reste ainsi affaissé, durcit et diminue encore à la longue ; plus souvent on le voit, les jours qui suivent l'opération, augmenter un peu de volume ; il peut aussi se ramollir par places, de manière à présenter des points fluctuants. Puis la tumeur se rétracte progressivement et devient de plus en plus résistante, jusqu'à ce qu'elle se réduise à un noyau comme fibreux qui peut même finir par disparaître, formant un renflement à peine appréciable sur le cordon ligamenteux qui représente l'artère oblitérée.

Mais, si c'est ainsi que se succèdent le plus habituellement les phénomènes de résorption, il est bien loin d'en être toujours de même.

« Quelquefois la tumeur, qui d'abord s'était durcie, se ramollit de nouveau, et redevient fluctuante en partie ou en totalité ; d'autres fois la solidification ne s'effectue point du tout, ou bien encore elle ne se fait qu'incomplètement. C'est dans ces cas que l'on voit alors les battements revenir, à peine sensibles d'abord, puis plus prononcés.

« L'observation démontre que ce retour des pulsations ne constitue point un grave péril, et n'annonce pas toujours, bien s'en faut, une récidive ; en général, ils ne tardent pas à disparaître, et la guérison reprend sa marche habituelle. Lorsque la tumeur s'est ainsi ramollie, après s'être momentanément solidifiée, ou lorsque son contenu ne s'est point coagulé et qu'elle est restée liquide, sa disparition peut encore se faire par le même mécanisme qui emporte dans les voies circulatoires ces vastes foyers sanguins que nous voyons tous les jours se résorber sous nos yeux ; et, chose singulière, tandis que Broca déclare ce mode de terminaison vicieux et exposant à de graves dangers, Hogdson a *observé* que, dans ces cas, l'absorption marchait beaucoup plus rapidement. La vérité est que si, quelquefois, on voit des quantités considérables de sang liquide dans des poches anévrysmales se résorber rapidement et sans accidents après l'opération de la ligature, il est un certain nombre de cas où l'absorption est lente, et où cette perméabilité du sac devient un péril incessant, l'oblitération de l'artère pouvant d'un moment à l'autre être détruite et le sang envahir de nouveau la tumeur. » (1) (Richet.)

(1) *Diction. de méd. et de chirurg. pratique*, art. *Anévrysme.*

A quoi tiennent ces différences et ces variations dans la coagulation du sang ?

Selon M. le professeur Richet, il faut en chercher l'explication autant et bien plus encore peut-être dans la constitution même du sac que dans les variations individuelles de plasticité du sang, qui doivent cependant être prises en sérieuse considération ; l'inflammation subaiguë, *adhésive* de Hunter, doit y jouer également un certain rôle. D'ailleurs cette coagulation, tantôt rapide et tantôt lente à se faire, peut s'observer également dans tous les cas où le sang s'épanche en notable quantité, soit dans le tissu cellulaire, soit dans l'épaisseur des muscles ou dans les cavités séreuses, où tantôt il se coagule rapidement, d'autres fois paraît n'avoir aucune tendance à la coagulation.

Nous ne nous étendrons pas longuement sur l'exposé des théories émises pour expliquer le mécanisme qui préside à la solidification et à la guérison définitive de l'anévrysme après la ligature, question longuement et magistralement discutée, en particulier dans le livre de Broca, et les remarquables articles des professeurs Richet et Lefort.

Il nous paraît difficile aujourd'hui de soutenir avec avantage la théorie des caillots *actifs* et *passifs* de Bellingham et de Broca, telle du moins que l'a défendue avec un si grand talent cet éminent chirurgien dans son *Traité des anévrysmes*. Pour lui, en effet, les caillots passifs formés immédiatement après la ligature étaient absolument incapables d'organisation, même de transformation fibrineuse, et condamnés par là à l'élimination par inflammation suppurative du sac. Il fallait, pour que la ligature pût amener la guérison de l'anévrysme, qu'elle pût ne pas interrompre complètement la circulation sanguine dans le sac, condition indispensable suivant lui pour la formation des caillots fibrineux, stratifiés, et lentement déposés (*caillots actifs*), seul mode de guérison définitive de l'anévrysme. Or cette condition est beaucoup mieux remplie par la compression indirecte; de là les avantages de celle-ci sur la ligature, avantages que nous ne voulons certes pas nier, mais qu'il faut peut-être attribuer à toute autre raison que celles qu'invoquait Broca en faveur de la compression. MM. les professeurs Richet et L. Le Fort ont modifié cette opinion et ont démontré la possibilité d'organisation des caillots passifs, ainsi que l'oblitération fréquente de la poche anévrysmale par des caillots de ce genre après la ligatnre. Entièrement d'accord sur ce point, ces deux chirurgiens distingués divergent d'opinion lorsqu'il s'agit d'expliquer comment se fait la transformation du caillot passif en caillot fibrineux que nous aimons mieux appeler *caillot définitif* ou *permanent.*

Voici quel serait le mécanisme de cette transformation d'après chacun de ces auteurs : sous l'influence d'un travail inflammatoire, le sérum se sépare du caillot et ce sérum est absorbé par les parois du sac, lorsque la cavité de l'anévrysme ne communique plus avec celle de l'artère. (Richet.)

Le caillot mou primitivement formé exprime peu à peu son sérum, qui, se mêlant avec le sang resté liquide et celui qui continue à traverser la poche, rentre ainsi dans la circulation générale, laissant dans le sac des couches fibrineuses stratifiées (L. Le Fort).

Si nous cherchons une explication qui rende compte du

plus grand nombre de phénomènes, il nous semble que la meilleure sera celle qui se rapprochera le plus de la physiologie pathologique que nous avons étudiée plus haut au sujet du caillot de la ligature ; et, à l'exemple de M. le professeur Richet, nous croyons qu'on a beaucoup trop négligé dans l'étude des phénomènes qui se passent au sein de la poche anévrysmale le rôle important d'absorption physiologique et de prolifération inflammatoire, dévolu à la paroi du sac anévrysmal et aux parties voisines elles-mêmes.

N'avons-nous pas vu, dans un paragraphe précédent et dans quelques expériences que nous avons rapportées, en tout conformes sur ce point aux idées généralement admises, le coagalum noir et passif (*fibrino-globulaire* de M. Richet), formé immédiatement après la ligature, se décolorer peu à peu par résorption du sérum et de la matière colorante, devenir plus ferme, puis contracter des adhérences avec la paroi vasculaire, se rétracter et s'organiser, ou plutôt être envahi peu à peu par les bourgeons nés de l'endothélium ou des tissus voisins eux-mêmes ; enfin être transformé en un tissu conjonctif de nouvelle formation et plus tard en un vrai tissu fibreux ?

Dès lors n'est-il pas rationnel d'admettre que ce processus, facile à suivre pas à pas dans les expériences sur les animaux, se reproduit dans le sac anévrysmal après son oblitération par un caillot mou primitif ? Il semble, en effet, qu'il est bien plus conforme à l'observation et à nos connaissances de physiologie pathologique d'admettre qu'ici, comme dans tous les cas où du sang épanché au sein des tissus, ou coagulé dans l'intérieur d'un vaisseau, rentre dans le torrent circulatoire, l'absorption se fait non

point, comme le veut M. Le Fort, par une action en
quelque sorte mécanique, le sérum exprimé du caillot
étant entraîné par la circulation qui se reproduit dans le
sac, mais bien en vertu de l'action physiologique qui préside à la résorption des humeurs ou des tissus de l'organisme, normaux ou pathologiques. C'est par les radicules
capillaires du tissu ambiant ou des parois vasculaires que
se ferait cette absorption des éléments du caillot, du sérum
d'abord, puis plus lentement des parties solides auxquelles se substituent peu à peu les îlots de tissu conjonctif nouveau formé par la prolifération de la paroi de la
poche, et peut-être par les bourgeons charnus venant des
tissus voisins.

En un mot, il se passerait dans le sac anévrysmal les
mêmes phénomènes de résoption et de prolifération que
nous avons décrits plus haut dans le caillot de la ligature.

Et nous pouvons invoquer à l'appui de cette opinion
les faits nombreux dans lesquels la poche anévrysmale
guérie, examinée longtemps après l'opération, a fait reconnaître au microscope un tissu conjonctif parfaitement
organisé et remplissant la cavité du sac. Il est probable
que, dans un grand nombre d'observations, la substance
d'aspect fibrineux que l'on a décrite dans certains anévrysmes après la guérison, aurait été reconnue de nature
conjonctive et organisée, si l'examen histologique avait
été pratiqué.

On nous permettra de rapporter brièvement, au sujet
de la constitution du sac anévrysmal guéri, un fait remarquable à plusieurs points de vue. C'est celui de Czerny (1)

____

(1) Czerny (de Fribourg, Arch. für pathol. und physiol., t. LXII,
1875), cité dans l'art. *Crurale* du *Diction. encycl. des sc. médic.*, p, 696.

(de Fribourg) qui, dans le but assez blâmable de prouver à nouveau que la poche anévrysmale est bien formée de tissu cellulaire, et non pas de fibrine, comme l'ont dit Ham et Roser, a été jusqu'à pratiquer l'extirpation de la tumeur quatre mois après l'opération. C'était un anévrysme traumatique de la cuisse, siégeant à l'anneau des adducteurs, et guéri par la ligature de la fémorale. Le sac avait environ trois mois de date ; rougeâtre et très épais, il n'était relié aux tissus voisins que par un tissu cellulaire très lâche. Après la préparation, ce sac fut trouvé formé d'un tissu conjonctif très dense, disposé sensiblement en couches parallèles, et très riche en éléments cellulaires, en pigment et en vaisseaux. La curiosité allemande était ainsi satisfaite.

Tel est, habituellement, le contenu du sac assez longtemps après l'opération ; nous ne voulons pas dire qu'on n'y rencontre jamais de couches véritablement fibrineuses, mais c'est là, suivant nous, un état toujours transitoire, la guérison n'étant définitive que lorsque le contenu de la poche a subi une organisation complète, et qu'il n'est plus constitué que par du tissu conjonctif dont la rétraction amène cette diminution lente et progressive du volume de la tumeur qui se fait quelquefois encore une et même plusieurs années après l'opération.

Sans doute, nous trouvons de bien plus mauvaises conditions dans l'évolution du caillot anévrysmal que dans celle du caillot vasculaire simple. Au lieu d'un coagulum de petit volume, de grosses masses de caillots dont l'absorption sera autrement longue et difficile ; au lieu d'une surface d'absorption physiologique et d'une grande étendue par rapport au volume du caillot, un sac à parois irrégulières, toujours altérées, tapissées de couches fibrineuses, et dont la vascularité est très variable suivant les cas ; enfin, ajoutons à ces conditions défavorables la diminution de l'irrigation sanguine dans les parois du sac, surtout considérable lorsque la ligature est placée immédiatement au-dessus de lui.

Loin de méconnaître les obstacles que la constitution du sac peut apporter à l'absorption, nous y trouvons, au contraire, l'explication des variétés si remarquables que l'on rencontre dans l'évolution de la poche anévrysmale après la ligature : solidification incomplète, persistance de la fluctuation, ramollissement des caillots et suppuration du sac.

Les considérations relatives aux causes qui empêchent la résorption du caillot anévrysmal, et par suite l'organisation du sac, trouveront mieux leur place lorsque nous étudierons les divers accidents qui peuvent suivre la ligature.

§ III. — EFFETS DE LA LIGATURE SUR LES PARTIES QUI REÇOIVENT LEUR SANG DE L'ARTÈRE LIÉE.

1° *Modifications de la circulation. — Circulation collatérale.* — Aussitôt la ligature serrée, la circulation est brusquement interrompue dans tout le département irrigué par le vaisseau lié ; et pour les anciens, qui ignoraient l'importance des anastomoses et de la circulation collatérale, la gangrène était inévitable. C'est ce qui leur avait fait rejeter la ligature des gros troncs artériels.

Nous savons, aujourd'hui, que non seulement la circulation peut se rétablir après l'oblitération de gros vaisseaux tels que l'iliaque ou la sous-clavière, mais que le retour du sang se fait rapidement dans le bout périphérique de l'artère oblitérée. C'est ce qu'ont démontré les expériences de Broca, et les cas nombreux où l'on voit reparaître les pulsations peu de jours après la ligature.

Les phénomènes qui se passent du côté de la *circulation collatérale*, étudiés en détail dans tous les ouvrages classiques, ne nous arrêteront pas longtemps.

Depuis les expériences de Porta (1), on décrit une circulation collatérale *directe*, constituée par les vaisseaux développés dans le tissu conjonctif qui forme la virole externe et entoure ou remplace la tunique celluleuse. Ces vaisseaux de nouvelle formation s'abouchent directement avec les vasa vasorum et rétablissent ainsi partiellement la circulation à travers la cicatrice.

Mais cette circulation nouvelle serait bien insuffisante s'il ne se faisait un développement considérable des branches collatérales et anastomotiques, musculaires et cutanées. Celles-ci ramènent le sang au-dessous de la ligature par l'intermédiaire des capillaires dilatés, et surtout de ces canaux artériels de dérivation qui font communiquer directement les branches de second ordre nées du vaisseau principal à différentes hauteurs.

Ainsi se produit le rétablissement de la circulation. Il se fera plus ou moins rapidement et avec plus ou moins de facilité suivant les régions, suivant l'état du système artériel (l'athérome sera un obstacle quelquefois insurmontable à la dilatation des artérioles); suivant que l'obstruction du vaisseau sera brusque, ou que la circulation

____

(1) L. PORTA, *Delle alterazioni patologiche delle arterie per la legatura e la torsione* (Milan, 1845).

collatérale aura pu se préparer de longue date, etc. ; tout autant de conditions que nous apprécierons en leur temps, lorsque nous parlerons des accidents de la ligature. Deux d'entre eux sont surtout sous la dépendance de la circulation collatérale : trop rapide, elle peut amener *une récidive*, trop lente *la gangrène*.

2° *Troubles nutritifs*.

A. *Modifications de la calorification.* — Les troubles immédiats sont la pâleur et le refroidissement du membre, suivis bientôt, lorsque le sang s'est frayé un passage à travers les collatérales, d'un retour de la coloration cutanée, quelquefois même de rougeur et d'une élévation thermique remarquable qui peut être de 2°, 3°, et même 4° centigrades.

Ce phénomène, signalé par tous les chirurgiens, a reçu des interprétations diverses.

Pour les uns, c'est simplement un phénomène réactionnel. Pour d'autres, et c'est l'opinion de Broca, il serait le résultat de la dilatation des réseaux artériels cutanés, plus faciles à distendre que les capillaires des muscles et qui seraient provisoirement la voie principale et la première ouverte à la circulation collatérale. Enfin, d'après Claude Bernard, Martin Magron, Brown-Séquard, cette dilatation des capillaires cutanés devrait être considérée comme une paralysie vaso-motrice, résultant de l'étranglement des filets du grand sympathique qui accompagnent l'artère liée.

B. *Modifications de la sensibilité et de la motilité.* — L'engourdissement du membre, des fourmillements, et quelquefois des élancements douloureux, sont les phénomènes les plus communs à la suite de la ligature d'une artère importante. Ils étaient très accusés chez le sujet de notre observation de ligature de l'iliaque externe. Ces troubles de sensibilité sont généralement passagers ; s'ils resistent trop longtemps, ils peuvent être précurseurs de la gangrène. On a signalé encore l'anesthésie, accident rare à la suite de la ligature, et toujours de peu de durée. Elle s'est montrée, après la ligature, chez le malade qui fait le sujet de notre première observation de la fémorale. C'était une anesthésie partielle occupant le mollet et qui disparut six jours après.

Les douleurs violentes qui se montrent quelquefois ont été attribuées par Liston à la dilatation consécutive qui se produit dans les artères des nerfs eux-mêmes. A l'appui de cette opinion, on citait surtout un fait de Boyer, où cette dilatation s'était rencontrée dans l'artère centrale du nerf sciatique chez un malade qui avait autrefois subi la ligature de la fémorale. Porta, après avoir fait une observation semblable, n'a plus retrouvé la dilatation des vaisseaux propres des nerfs dans un cas de ligature de l'humérale, où les troubles de sensibilité et de motilité avaient été cependant très prononcés et bien constatés. Il faut donc penser plutôt que l'absence du sang dans les tissus est la véritable cause de l'anesthésie et des douleurs qui se montrent en pareille occasion.

Les accidents de la *motilité* sont plus rares : ce sont des crampes, suivies de rigidité musculaire et plus tard de paralysie plus ou moins complète ; d'autres fois c'est un affaiblissement et une atrophie des muscles qui dépend d'un trouble de la nutrition du membre.

C. *Modifications de la nutrition*. — Un membre, dont l'artère principale a été liée, présente souvent pendant longtemps une sorte d'atonie nutritive, un alanguissement des principales fonctions, de l'amaigrissement, de la faiblesse, de l'œdème, une tendance au refroidissement. L'œdème que nous avons constaté chez un de nos malades à la suite de la ligature de l'iliaque externe, ne doit pas être mis exclusivement sur le compte des troubles nutritifs dépendant de la ligature, puisqu'il existe chez lui une affection cardiaque, et que l'œdème s'était montré à plusieurs reprises avant l'opération ; mais en tous cas c'est aujourd'hui exclusivement du côté opéré que se montre l'infiltration séreuse.

Ajoutons que bien souvent la ligature n'amène aucune conséquence de ce genre, et le membre récupère l'usage de ses fonctions dans leur intégrité normale.

3° *Effets sur l'état général.*

Dans les cas les plus favorables, l'état général ne reçoit aucun contre-coup de l'oblitération d'une artère volumineuse. Mais les cas ne sont pas très rares cependant où ce changement brusque dans la circulation amène la dureté et la fréquence du pouls, la chaleur de la peau, la coloration du visage, la céphalalgie, les vertiges, l'oppression, l'agitation, le délire même. Ces troubles généraux peuvent être imputés directement aux modifications subites produites dans la tension sanguine ; et l'on conçoit que, chez un malade affecté de lésions cardiaques, ces symptômes puissent présenter parfois une gravité considérable et aboutir même à une syncope mortelle. Nous reviendrons d'ailleurs sur ce sujet en parlant des contre-indications.

D'autres phénomènes qu'on a vus quelquefois se produire, tels que la pâleur de la face, un certain tremblement des lèvres et des membres, la petitesse et la concentration du pouls, le frisson, le hoquet, les nausées, le ballonnement du ventre, les soubresauts de tendons, etc., sont des phénomènes nerveux dépendants de l'opération, mais nullement de la ligature.

CHAPITRE IV

ACCIDENTS DE LA LIGATURE

Il serait superflu de s'arrêter aux accidents spéciaux à la plaie, faits pour aller à la recherche de l'artère, et qui ne diffèrent en rien de ceux qui peuvent compliquer toutes les plaies en général : érysipèle, phlegmon diffus, rétention d'urine signalée dans une observation de Pemberton, infection purulente, etc.

Ceux qui sont propres aux ligatures d'artères peuvent être rapprochés ou éloignés de l'opération.

§ I. — ACCIDENTS IMMÉDIATS.

Gangrène. — La gangrène est une des plus redoutables et malheureusement des plus fréquentes complications de la ligature des grosses artères, principalement pour quelques-unes d'entre elles. Elle compte d'habitude parmi les accidents immédiats de l'opération; beaucoup plus rarement elle ne se montre qu'à la deuxième période, au dixème ou même au quinzième jour, surtout après le procédé de Hunter. Elle a quelquefois une marche extrêmement lente, témoin le cas de Pemberton (1), dans lequel

(1) OLIVER PEMBERTON; *the Lancet*, II; p. 114, 1878. (Analyse in *Revue des sc. médic.*, t. XI.)

elle se montra à la suite de la ligature de l'iliaque externe gauche, faite pour guérir trois anévrysmes siégeant sur le membre du même côté. La gangrène s'annonça dès le deuxième jour, par des douleurs vives suivies de pâleur et de refroidissement du pied ; elle n'augmenta que très-lentement, et ne fut nettement limitée que trois mois après l'opération. Le chirurgien se contenta de scier les os ; un petit lambeau interne forma le moignon ; la guérison fut rapide. Cette amputation spontanée se fit un peu au-dessus du lieu d'élection de la jambe.

Le mode de production de la gangrène est facile à saisir, et l'on doit la rapporter dans presque tous les cas à l'insuffisance de la circulation collatérale. C'est là une cause générale que l'on conçoit aisément, mais plus difficile à apprécier et surtout à prévoir. Nous connaissons cependant un certain nombre de conditions qui doivent entrer pour une bonne part dans l'entrave à la circulation collatérale, cause immédiate de la gangrène, conditions dont nous allons énumérer les principales.

A. *La compression intempestive du membre.* — L'application de pansements, de bandages défectueux, peut amener une compression suffisante pour gêner ou empêcher la circulation collatérale sous-cutanée, en particulier dans certains points, au niveau du coude ou du genou par exemple, où les collatérales entourent une articulation et sont facilement comprimées sur le plan résistant des tubérosités osseuses.

B. *Le refroidissement du membre après l'opération.* — Nous avons vu que dans le membre ou la partie correspondante à l'artère liée se manifestait, immédiatement après l'opération, une grande tendance au refroidissement ; dès lors il sera indiqué d'entretenir, autant que possible, la chaleur dans les tissus au moyen, soit de frictions et du massage, soit plutôt en entourant les parties de lames de ouate. Certains auteurs recommandent même, dans ce but, des sachets de sable chaud; mais M. le professeur Le Fort fait remarquer avec juste raison que, s'il faut donner de la chaleur à l'air et aux parties qui entourent le membre, pour qu'elles n'empruntent pas de chaleur au membre opéré, il serait inutile, et même nuisible, d'appliquer directement les corps chauds sur le membre lui-même.

C. *Les hémorrhagies profuses qui ont précédé la ligature.* — La plus grande fréquence de la gangrène, à la suite des ligatures qui avaient été précédées d'hémorragies abondantes, n'a pas suffisamment peut-être attiré l'attention des chirurgiens. Cependant cette relation n'a pas échappé à l'observation de tous les auteurs; et, en effet, la production plus fréquente de cet accident à la suite des ligatures faites pour des plaies d'artères semble venir à l'appui de cette opinion. Un chirurgien américain, Warrey Sawyer (1), a remarqué ce fait en comparant plusieurs observations de ligature (iliaque externe et fémorale), que la gangrène est survenue dans tous les cas où l'hémorrhagie avait été profuse, tandis que le membre avait conservé son intégrité lorsque la perte de sang avait été peu considérable. Il suppose que, dans ce dernier cas, la pléthore résultant de la suppression d'une partie de l'appareil circulatoire suscite du côté du cœur un surcroît d'activité dont l'effet est favorable au déve-

(1) W. Sawyer, *Causes de la gangrène qui succède à la ligat. des art. volumin. du membre inférieur.* (the Boston med. and. surgic. journal, 1874).

loppement de la circulation collatérale. Cette heureuse influence ferait défaut après la soustraction d'une notable quantité de sang.

D. *La présence de la tumeur anévrysmale* doit être considérée aussi comme capable d'augmenter l'obstacle à la circulation et de favoriser la gangrène. Et, en effet, l'artère liée au-dessus d'un anévrysme s'oblitère dans une plus grande étendue, mais cet inconvénient est un peu compensé par ce fait que la poche anévrysmale, en créant un obstacle permanent au cours normal du sang, a préparé les voies au développement de la circulation collatérale.

Mais, en revanche, une condition qui favorise incontestablement la production du sphacèle est la présence, sur le même membre, de *plusieurs anévrysmes*. Tels sont le cas de Th. Divers, dans lequel la gangrène du membre suivit la ligature de l'iliaque externe faite pour deux anévrysmes de l'aine et du creux poplité du même côté, et celui de Pemberton, déjà cité, où trois anévrysmes siégeaient sur le même membre. Dans les deux observations, l'amputation sauva le malade.

E. *L'altération des vaisseaux.* — L'artérite, l'athérome généralisé doit être rangé parmi les causes les plus fréquentes et les plus efficaces de la gangrène. Et ici il n'est pas besoin d'invoquer toutes les opinions émises sur la production des gangrènes spontanées, conséquence de l'artérite; il suffit de considérer que l'athérome, diminuant le calibre du vaisseau et détruisant son élasticité, crée un obstacle permanent et souvent absolu au rétablissement de la circulation collatérale. Cependant il ne faudrait pas aller jusqu'à croire que le sphacèle du membre soit la conséquence fatale de l'athérome artériel, et les observations ne sont pas rares de guérison sans accidents, même dans des cas où l'artérite était généralisée.

F. Quant à la *blessure de la veine satellite*, considérée par Syme comme une des causes essentielles de la gangrène, elle ne paraît pas entraîner dans tous les cas cet accident, et l'on a pu soit la léser accidentellement, soit la lier intentionnellement (Hunter, Langenbeck, Gibson, Cooper, etc.), sans que le sphacèle en fût résulté. Cependant il faudra toujours redouter une blessure de la veine satellite et la phlébite consécutive.

C. La *ligature de certaines artères* prédispose davantage à la gangrène. Ainsi, d'après la statistique de Broca, tandis que la proportion pour la ligature des artères du membre thoracique, depuis l'origine de la sous-clavière jusqu'à la bifurcation de l'humérale, serait de 5 pour 100 environ, elle serait de 14 pour 100 au membre abdominal, depuis l'iliaque primitive jusqu'à l'anneau de l'adducteur. De même cet accident semble avoir une sorte de fatale prédilection pour certaines artères, telles que l'axillaire et la fémorale. Chose remarquable, la gangrène est beaucoup plus fréquente après la ligature de ces deux vaisseaux qu'après celle de la sous-clavière et de l'iliaque externe. Ce fait s'explique, pour l'axillaire, par cette raison que l'incision coupe presque nécessairement les branches qui doivent rétablir plus tard la circulation collatérale ; c'est ce qui a fait rejeter par la majorité des auteurs la ligature de l'axillaire comme une mauvaise opération. Pour la fémorale, on a remarqué que la gangrène se montrait surtout lorsque la ligature était faite pour un anévrysme poplité, ce qui doit être attribué principalement au procédé de ligature à distance employé d'ordinaire dans ce cas, tandis que les anévrysmes fémoraux, plus souvent traités par la ligature d'Anel à proximité du sac, sont aussi plus rarement suivis de gangrène.

H. *Les procédés de ligature à distance.* — Il est évident que les procédés de Hunter et de Scarpa surtout, qui oblitèrent l'artère dans une grande étendue, exposeront davantage au sphacèle que le procédé d'Anel. Les deux oblitérations superposées de l'anévrysme et de la ligature compromettent beaucoup la circulation collatérale intermédiaire, et souvent même l'artère s'oblitère dans toute son étendue entre le point lié et la tumeur. C'est là une condition très-défavorable, car, plus on sacrifiera de collatérales, moins on aura de chances de voir se rétablir la circulation.

La gangrène qui suit les ligatures d'artères est généralement sèche, analogue à la gangrène sénile. Elle peut occuper d'emblée tout le membre, ou seulement une région très limitée, telle que les orteils, le pied ou la partie inférieure de la jambe, etc. Elle formait une plaque occupant la partie interne de la jambe dans une de nos observations (1). — Sa *gravité* est toujours considérable, mais varie avec son étendue, le moment de sa production (la gangrène immédiate est toujours plus sérieuse que celle qui est consécutive, toutes choses égales d'ailleurs), avec la région du corps qu'elle affecte, avec l'état général du malade. La mort en est souvent la conséquence, et, dans les cas les plus favorables, la guérison ne s'obtient qu'au prix d'une mutilation spontanée ou chirurgicale.

Quant à la conduite à tenir en pareil cas, si la gangrène se borne à une portion limitée du membre, il n'y a pas lieu d'intervenir ; lorsque, au contraire, il y a menace de sphacèle de tout le membre, l'opinion de M. le professeur Richet, conforme à l'avis de Bérard et Marjolin, est qu'il ne faut pas attendre que la gangrène soit limitée pour pratiquer l'amputation. Pour d'autres auteurs, et M. Le Fort en particulier, il faut avant d'opérer attendre la limitation des eschares. Tel est aussi le sentiment de Pemberton, pour lequel les amputations précoces pratiquées dans les cas de gangrène suite de ligatures sont presque toujours mortelles (opinion bien évidemment exagérée) ; aussi donne-t-il le conseil de se comporter à l'égard de cet accident comme on le ferait en face d'une gangrène sénile ; c'est-à-dire laisser faire la nature, ne pas amputer avant que le sillon d'élimination ne soit nettement tracé ; aider la dessiccation du membre, et éviter la putréfaction par l'usage de la ouate phéniquée.

Accidents cérébraux. — Ces accidents se rencontrent exclusivement à la suite de la ligature de la carotide primitive, et sont analogues aux troubles divers que nous avons vus dans les membres être la conséquence de l'ischémie subite produite par l'opération. On les trouvera très bien décrits dans les articles *Carotide*, que MM. les professeurs Richet et L. Le Fort ont publiés dans le *Dictionnaire de médecine et de chirurgie pratique*, et dans le *Dictionnaire encyclopédique ;* aussi ne nous y arrêterons-nous pas longtemps.

Les troubles cérébraux consécutifs à la ligature sont variables suivant leur *nature* (syncope, coma, délire, convulsions, céphalalgie, hémiplégie, troubles de la vue, dysphagie, dyspnée, etc.), — dans leur *développement* (tantôt fugaces, passagers, tantôt progressifs), — dans

leur fréquence relative et leur gravité (l'hémiplégie est de
tous le plus fréquent, et aussi le plus grave, le coma, le
délire et les convulsions sont aussi au nombre des plus
fâcheux) ; enfin ils peuvent encore varier suivant l'*époque
de leur apparition.* La plupart se manifestent brusquement au moment de la ligature ; et peuvent alors être
rapportés à l'ischémie cérébrale subite ; tels sont la syn
cope, les convulsions, et quelquefois le coma. Au contraire les hémiplégies les plus promptes à se montrer ne
se sont jamais déclarées que plusieurs heures après l'opération ; ce fait est dificile à expliquer à moins d'admettre
que l'oblitération des artères cérébrales s'est faite progressivement par un caillot qui s'est développé successivement de bas en haut dans la carotide interne.

Les hémiplégies plus tardives et permanentes s'expli-
quent par le ramollissement cérébral consécutif à l'oblitération d'une partie d'un département vasculaire encé-
phalique. D'autres fois enfin, on a vu une hémiplégie
brusque se produire deux mois après l'opération ; et dans
ce cas il paraît rationnel d'admettre qu'un embolus a été
détaché du caillot par la circulation et entraîné dans l'artère cérébrale moyenne. Ces embolies ont d'ailleurs été
observées dans des cas de malaxation d'anévrysme caroti-
dien (cas d'Esmarch).

Il est bien difficile d'admettre l'opinion de P. Bérard,
Chevers et Ehrmann, qui attribuent les troubles cérébraux au travail de circulation collatérale qui s'effectue
dans l'hémisphère du côté de la ligature, et d'où résultent
une dilatation de ces vaisseaux, un excès de pression sur
la substance délicate qui les entoure, et qu'une nutrition
imparfaite dispose déjà à une facile altération. Il se pas-

serait là des phénomènes analogues à la congestion cutanée qui suit quelquefois la ligature. Mais les conditions sont bien différentes au cerveau où les anastomoses se font par inosculation de larges troncs artériels, et non par la circulation capillaire.

M. le professeur Richet, dans l'article *Carotide*, déjà cité, s'appuyant sur les expériences de Cl. Bernard, Martin Magron, Schiff, etc., donne de la plupart des phénomènes cérébraux l'explication suivante :

La section des filets vaso-moteurs qui entourent la carotide liée suffirait à expliquer, par paralysie vaso-motrice, la congestion passive et la stase sanguine pouvant aller jusqu'à la production de taches ecchymotiques et même de petits foyers d'apoplexie capillaire trouvés à l'autopsie par plusieurs observateurs. Cet état pathologique peut être suivi d'un véritable ramollissement de la pulpe cérébrale signalé plus souvent encore (Stanley, Maisonneuve, etc.). Ainsi s'expliquerait, d'après le savant professeur, pourquoi un seul lobe du cerveau, celui qui correspond à l'artère liée, est le siège constant des lésions pathologiques, pourquoi l'hémiplégie siège toujours du côté opposé à la ligature, pourquoi elle offre de grandes variations dans l'époque de son apparition, suivant que la circulation capillaire, qui s'alanguit sous une influence paralytique et non active, s'embarrasse plus ou moins rapidement.

Et résumant la discussion des diverses théories, il conclut :

« 1° Que l'anémie cérébrale paraît donner une explication rationnelle et satisfaisante de la plupart des phénomènes qui se manifestent immédiatement ; et même quelque temps après la ligature de la carotide, quand ils sont généralisés à tout l'organisme ;

« 2° Qu'il répugne à la raison, et qu'il est contraire aux lois de la physiologie générale et de l'expérimentation sur les animaux, de rapporter les phénomènes qui se manifestent plus ou moins tardivement et sont localisés à un seul organe ou à une seule partie du corps, à cette même cause, l'anémie ;

« 3° Que ces derniers reconnaissent pour origine, soit une paralysie de la circulation capillaire dans le lobe cérébral correspondant à l'artère liée, soit une lésion primitive ou consécutive des troncs ou filets nerveux qui accompagnent ou avoisinent la carotide (aphonie, dysphagie, cas de Roux, de Fearn, ligature du pneumogastrique avec l'artère. »

M. le professeur Le Fort signale comme un fâcheux symptôme de ne pas avoir d'accidents cérébraux après la ligature de la carotide primitive, parce que cela indique que la circulation n'est pas interrompue ; cette opinion paraît être exacte pour les ligatures faites dans le but d'arrêter des hémorrhagies, ainsi que le prouvent les faits rapportés par MM. Cruveilhier et Raynaud à la Société de chirurgie, mais n'est plus applicable aux ligatures faites pour des anévrysmes dont la présence, en diminuant habituellement l'afflux du sang dans le cerveau, diminue par là même les chances d'accidents cérébraux.

§ II. — ACCIDENTS CONSÉCUTIFS.

Nous ne ferons que mentionner les accidents assez rares, tels que la *phlébite* et la *névrite,* dont Broca rapporte un exemple après une ligature de l'humérale pratiquée par Blondin. Ce sont là des accidents du manuel opératoire, plutôt que de la ligature elle-même.

La *phlébite*, résultat de la dénudation du vaisseau et des manœuvres opératoires, n'est pas malheureusement une complication exceptionnelle, et présente toujours un haut degré de gravité : suppurative, elle expose à l'infection purulente ; adhésive, elle favorise puissamment la production de la gangrène.

Hémorrhagie. — C'est là sans contredit un des accidents les plus graves de la ligature, et celui qui est la cause la plus fréquente d'insuccès. Nous ne considérons en ce moment que l'hémorrhagie qui se fait par la plaie de la ligature, nous réservant de parler de celle qui peut suivre la rupture et la suppuration du sac, en étudiant cette dernière complication.

Nous allons passer brièvement en revue : A le moment de son apparition ; B sa fréquence et sa gravité ; C ses causes et son mode de production ; D enfin la thérapeutique à lui opposer.

A. — L'hémorrhagie ne peut se faire par la plaie de la ligature que lorsque le fil constricteur a ulcéré les tuniques du vaisseau, ou qu'il les a entièrement sectionnées ; elle n'est donc jamais primitive, à moins qu'on n'ait employé le procédé de section du vaisseau entre deux ligatures. Le moment de l'hémorrhagie secondaire variera dans les mêmes limites que la chute du fil. On l'a vue survenir 5, 10, 15, 18 jours, dans certains cas même 5 à 6 semaines après l'opération. Il est donc difficile de prévoir, dans un cas donné, à quelle époque on se trouvera entièrement à l'abri de cette redoutable complication.

B. — La fréquence des hémorrhagies consécutives paraît assez grande, puisque la statistique de Porta donne une proportion d'un peu plus de 12 pour 100 d'hémorrhagies par la plaie. Cette fréquence est très variable, suivant les artères liées, et nous verrons, en faisant l'énumération des causes, que les ligatures qui donnent les plus fortes proportions d'hémorrhagies sont celles du tronc brachio-céphalique, de la sous-clavière en dedans et au niveau des scalènes, de la fémorale commune.

On peut juger de la gravité de cet accident si l'on considère que, sur 14 cas d'hémorrhagie survenue à la suite de la ligature de la sous-clavière (statistique de M. Le Fort), il n'y eut que trois guérisons ; une fois on fit la désarticulation du membre, dix fois le retour des hémorrhagies ou leur continuité entraînèrent la mort.

C. — Les causes qui favorisent la production des hémorrhagies secondaires sont multiples. La principale et la plus importante au point de vue opératoire est la *proximité d'une collatérale volumineuse* soit au-dessus, soit au-dessous du point lié ; et c'est là la grande cause des hémorrhagies secondaires et des insuccès après la ligature du tronc brachio-céphalique, des deux premières portions de la sous-clavière et de la fémorale commune, pour ne parler que des plus importantes. Aussi le précepte capital, celui qui doit dominer tous les autres dans l'application d'une ligature, est-il de s'éloigner le plus possible des collatérales importantes, dût-on, pour cela, lier l'artère immédiatement au-dessus du sac, comme l'a fait Fochier (de Lyon) dans un cas de ligature de l'iliaque externe communiqué à la Société de chirurgie (1).

(1) *Ligat. iliaque ext.* (anévrysme inguinal). Fochier (de Lyon). Ob-

Le danger d'hémorrhagie est si grand, dans quelques circonstances, que certains chirurgiens n'hésitent pas à conseiller la méthode ancienne, lorsque, par exemple, pour un anévrysme fémoral, on ne peut pas appliquer la méthode d'Anel sur la fémorale superficielle, et qu'on se trouve dans la nécessité de lier la fémorale commune (1). Il nous semble cependant que, dans un cas semblable, il y aurait mieux à faire qu'à suivre le conseil donné par l'auteur italien, et qu'il serait bien préférable de recourir à la ligature de l'iliaque externe, ainsi que l'a fait, avec un plein succès, en 1865, un chirurgien de Marseille, Bernard, qui, redoutant avec raison une hémorrhagie secondaire s'il portait sa ligature sur la fémorale commune, se décida à lier l'iliaque pour guérir un anévrysme qui siégeait au triangle de Scarpa.

D'après E. Bœckel et les partisans du fil de nature animale, la ligature au catgut qui coupe exceptionnellement le vaisseau, permettrait de se rapprocher davantage de l'origine des collatérales importantes sans crainte d'hémorrhagies ; et un certain nombre de faits ont été publiés à l'appui de cette idée. Si, dans un cas donné, on se trouvait dans la nécessité d'enfreindre ce précepte fondamental des ligatures, nous croyons qu'il serait prudent de se servir de catgut, avec lequel on aurait sûrement plus de chances de succès.

Je n'ai pas à entrer dans de longs détails au sujet du mode de production de l'hémorrhagie, dans le cas qui

servation présentée à la Société de chirurgie par M. Le Dentu, le 19 avril 1876.)

(1) A. FURRETTA. *Contributo alla statistica della ligatura dell'arteria femorale commune.* (*Il Morgagni*, Naples, mars 1877.)

nous occupe. Elle est due évidemment à l'impossibilité de l'oblitération de l'artère par un caillot, à cause du voisinage d'une ou de plusieurs branches volumineuses qui restent perméables : d'où l'indication de lier simultanément la ou les collatérales avec le tronc artériel. C'est ce qui a été pratiqué plus d'une fois, et c'est ainsi qu'on a pu obtenir un cas de guérison de ligature du tronc brachio-céphalique, par la ligature simultanée de l'innominée et de la carotide, à laquelle il a fallu ajouter, quelques jours après, la ligature de la vertébrale. (Cas de Smith, qui a pu récemment être vérifié par l'autopsie, onze ans après l'opération. V. *Arch. de médecine,* déc. 1877, p. 729.)

Les autres causes d'hémorrhagie se rapportent presque toutes à la section trop prompte des tuniques artérielles, et à la chute prématurée du fil, avant que la cicatrice vasculaire ait eu le temps de s'organiser. Parmi elles, les altérations des parois du vaisseau occupent la plus grande place.

L'*artérite aiguë* est une des plus importantes, et nul n'ignore les dangers de l'hémorrhagie après la ligature de l'artère enflammée. Il est à peine besoin de citer les exemples de Dupuytren, de Desault, liant à quatre ou cinq reprises la fémorale au-dessus de la ligature primitive, et obligé finalement de recourir au presse-artère qu'il imagina pour arrêter l'écoulement sanguin qui se reproduisait après chaque opération.

C'était la crainte des hémorrhagies secondaires dues à cette cause, qui avait fait rejeter par la majorité des chirurgiens la ligature des artères dans une plaie, à la période de suppuration : danger que Nélaton a démontré être exagéré, et qui ne peut en aucun cas autoriser à pratiquer d'emblée la ligature par la méthode d'Anel. Mais, si l'artère reste généralement peu altérée au milieu des bourgeons charnus d'une plaie ordinaire, il n'en est plus de même dans une plaie faite pour une ligature où l'artère dénudée présente des altérations constantes qui remontent plus ou moins haut dans son trajet ; et c'est là ce qui rend si incertain et si précaire le traitement des hémorrhagies secondaires par une nouvelle ligature.

L'artérite chronique ou l'athérome expose aussi à la section prématurée du vaisseau et à la production des hémorrhagies consécutives. Aussi, craignant de lier une artère malade au voisinage de l'anévrysme, Hunter avait-il reporté sa ligature loin du sac. Les nombreux succès du procédé d'Anel ont démontré que l'altération de la paroi artérielle ne s'étendait souvent pas au-delà de la poche.

L'athérome, en effet, est une maladie généralisée à tout le système artériel, et, bien qu'il se localise de préférence en certains points connus, il est le plus souvent difficile de savoir au préalable si l'on va opérer sur une partie saine du vaisseau. Nous avons déjà rencontré cette cause dans l'étiologie de la gangrène, et pour quelques auteurs elle constitue même une contre-indication formelle à l'emploi de la ligature ; nous verrons plus loin si cette opinion a une valeur absolue. En tout cas, si l'athérome artériel est une condition défavorable, ce n'est pas toujours une cause d'insuccès, et notre observation de ligature de l'iliaque externe en offre un bel exemple, qu'il serait d'ailleurs facile de rapprocher d'un grand nombre d'autres semblables.

La nature des fils peut jouer également un certain rôle dans la production des hémorrhagies secondaires. Contrairement à ce qu'on aurait pu penser *à priori*, l'hémorrhagie est un peu plus fréquente avec les ligatures plates et larges de Scarpa qu'avec les fils ronds et fins ordinaires : la proportion est de 15 pour 100 pour les premiers, et de 11 pour 100 seulement pour les autres. Elles semblent moins fréquentes, au contraire, depuis qu'on emploie les fils de catgut, qui seront encore indiqués de préférence, si l'on doit opérer sur un vaisseau malade.

D. *Traitement.* — L'hémorrhagie consécutive à la ligature peut donner de grands embarras au chirurgien. Une nouvelle ligature rapprochée de l'origine de l'artère peut être insuffisante, si le sang est fourni par des collatérales trop développées. La ligature au-dessus et au-dessous de la première, difficile à appliquer lorsqu'on emploie primitivement la méthode ancienne, offre des difficultés bien plus considérables au milieu des caillots et des parties envahies par l'inflammation. Placée à une grande distance, elle expose à la gangrène, accident que nous avons vu succéder fréquemment à la ligature, précédée d'hémorrhagie abondante. La compression directe ou indirecte est souvent inefficace, de sorte que l'amputation ou la désarticulation demeurent comme l'unique ressource dans certains cas. Heureux encore lorsque ce moyen héroïque parvient à sauver la vie du malade.

Mais heureusement les choses ne se présentent pas toujours avec une semblable gravité, et les moyens que nous allons décrire ont pu, dans un grand nombre de circonstances, arrêter l'écoulement sanguin.

Une précaution préliminaire à prendre est de s'assurer, par la compression au-dessus et au-dessous de la ligature, si l'écoulement se fait par le bout cardiaque ou par le bout périphérique du vaisseau. Dans le premier cas, on pourra agrandir la plaie et appliquer, si c'est possible, une nouvelle ligature au-dessus de la première, ou de préférence pratiquer la compression directe, simple ou aidée des moyens hémostatiques tels que la charpie imbibée de liquides coagulants, et même le cautère actuel. Si l'on peut soupçonner que l'hémorrhagie est due au voisinage d'une collatérale importante, on devra recourir à une ligature placée sur le tronc artériel dans un lieu plus favorable à la coagulation, ou, si ce n'est pas possible, lier cette collatérale elle-même. Au cas où l'écoulement sanguin proviendrait du bout inférieur de l'artère, le tamponnement avec le perchlorure de fer serait surtout indiqué ou encore une ligature placée au-dessous de la première ; et, lorsqu'il ne reste pas un espace suffisant pour découvrir l'artère, on pourrait être forcé d'en venir à l'ouverture et au tamponnement du sac.

Il n'est pas besoin d'ajouter que le premier devoir du chirurgien, en cas d'hémorrhagie abondante, sera la compression directe ou indirecte, digitale ou instrumentale, appliquée provisoirement sur le point le plus accessible de l'artère, en attendant l'emploi des moyens définitifs d'hémostase. — Broca préconise dans le plus grand nombre de cas le tamponnement avec le perchlorure de fer. Cet hémostatique a aujourd'hui perdu beaucoup de partisans, et Gillette (1) lui préfère le débridement même large de la plaie pour réappliquer la ligature sur l'artère, ou pour agir avec les pinces à forcipressure, tout en s'aidant de la compression exercée au-dessus du lieu d'où part l'écou-

---

(1) GILLETTE, article *Crurale* du *Diction. encycl. des sc. médic.* (1879).

lement sanguin. Crips (1), de son côté, conclut à la supériorité de la compression par un bandage solide, soigneusement appliqué. Un bon moyen compressif, que la chirurgie a à sa disposition depuis quelques années, est l'appareil ou plutôt la bande d'Esmarch ; je me contente de le signaler ici, n'ayant pas à apprécier les avantages et les inconvénients de cette méthode.

INFLAMMATION ET SUPPURATION DU SAC.

Cet accident que Broca imputait uniquement à la ligature, et qu'il attribuait à l'occlusion dans le sac de caillots passifs incapables de s'organiser et voués fatalement à l'élimination, n'est pas absolument spécial à cette méthode de traitement. Il est sans doute de beaucoup plus fréquent après la ligature, mais ce ne sont pas les caillots passifs qu'il faut rendre responsables de cette complication; car, après tout, c'est toujours un caillot passif qui se forme primitivement après la striction du fil, et l'insuccès devrait être la règle. C'est à la présence dans le sac d'une grande quantité de sang liquide ou coagulé, qui n'a pu, pour une raison ou pour une autre, éprouver les transformations régressives que l'absorption lui fait subir, et devenu corps étranger pour l'organisme, qu'il faut rapporter la cause de la suppuration du sac.

« L'inflammation anévrysmale est une inflammation éliminative ; elle est produite par l'irritation que cause un coagulum en voie de dissociation et devenu pour l'écono-

_____

(1) CRIPS, *Étude sur le traitement des hémorrhagies secondaires après la ligature de la fémorale dans sa continuité.* (Saint-Bartholomew's hospital Reports, vol. X, 1874.)

mie un véritable corps étranger. Il pourra comme l'hématocèle s'enkyster et être supporté plus ou moins longtemps ; mais une cause parfois légère suffira à amener de l'inflammation. et cette inflammation une fois développée devra aller jusqu'à la suppuration et l'élimination du caillot. » (L. Le Fort.)

« On ne saurait se dissimuler, dit M. le professeur Richet, que la présence d'une quantité considérable de sang dans le sac anévrysmal, qu'il soit ou non coagulé, constitue toutefois un péril ; car, quoiqu'en général fort bien toléré par nos tissus, le fluide sanguin, non circulant, n'en est pas moins un corps étranger qui peut déterminer, sous l'influence de certaines prédispositions locales ou générales, une irritation à laquelle on a donné le nom d'*inflammation consécutive.* »

Mais pourquoi le caillot passif formé après la ligature ne joue-t-il pas toujours le rôle d'un corps étranger? Quelles sont les conditions qui rendent son élimination nécessaire ?

Pour M. Le Fort, ces conditions existent toutes les fois que le caillot formé au moment de l'opération ne peut subir son travail de métamorphose ; toutes les fois qu'il est renfermé dans la poche anévrysmale sans que le sérum puisse rentrer dans la circulation ; toutes les fois qu'il n'existe pas peu de temps après la ligature un reflux de sang apporté par le bout inférieur jusqu'au niveau de la poche ; toutes les fois que le caillot anévrysmal est soustrait complètement à l'action de la circulation, qu'il est séparé du courant sanguin, et qu'il est placé en définitive dans les mêmes conditions que du sang coagulé dans un vase.

Nous nous sommes expliqué précédemment sur la manière dont, à notre avis, le caillot devient fibrineux et se débarrasse du sérum. C'est à l'absorption physiologique des tissus et non à des phénomènes plus ou moins mécaniques de circulation que nous croyons devoir attribuer l'évolution du caillot anévrysmal, et nous ne pouvons voir là, avec M. le professeur Richet, qu'une application de la grande loi physiologique qui règle les phénomènes de résorption des liquides ou des tissus de l'organisme.

C'est dire que le rétablissement de la circulation dans la poche anévrysmale n'a pas pour nous l'importance capitale que lui ont attribuée Broca et M. Le Fort dans l'organisation du caillot. En effet quelqu'un a-t-il jamais prétendu que le passage d'un courant sanguin à travers les vastes épanchements, suites de contusions, fût indispensable pour entraîner le sérum et opérer la résorption quelquefois très rapide d'une grande quantité de sang liquide ou de caillots passifs? Pourquoi dès lors ne pas admettre que l'absorption des éléments sanguins et l'organisation du caillot anévrysmal se fait suivant les mêmes lois physiologiques que celle des épanchements traumatiques? Sans doute dans le cas d'anévrysme les conditions sont bien moins favorables : le sang liquide ou coagulé est contenu dans une poche à parois toujours altérées, athéromateuses, tapissées par des couches de fibrine, et peu aptes à l'absorption; en outre, par le fait même de la ligature, l'activité circulatoire est considérablement diminuée dans les parois du sac et les parties voisines. Nous sommes loin de mettre en doute ces circonstances défavorables; tout au contraire nous y trouvons l'explication de ces différences considérables, et si inattendues quelquefois, que nous avons étudiées dans l'évolution du caillot anévrysmal, lequel est bien loin en tous cas de disparaître avec la même facilité que certaines poches sanguines volumineuses, mais d'origine traumatique. Il ne faudrait pas croire d'ailleurs que l'absorption se fasse toujours dans celles-ci, et il n'est pas rare de les voir persister plus ou moins longtemps à l'état liquide ou demi-liquide, ou s'enflammer et suppurer exactement comme le sac anévrysmal.

Pour nous donc, c'est dans les variétés de constitution, de vascularisation, de siège, etc., de la poche anévrysmale, qu'il faut chercher les causes de la suppuration du sac.

Celles qui semblent favoriser le plus cette sorte de nécrobiose du caillot, aboutissant à l'inflammation suppurative, sont en première ligne :

a. La ligature d'Anel, immédiatement au-dessus du sac, par l'inflammation de voisinage qu'elle détermine et par la destruction plus complète des éléments de vitalité de la poche et des tissus voisins, tandis que la ligature de Hunter permet un retour plus facile de la circulation dans ces mêmes parties et rend ainsi l'absorption plus facile.

La méthode de Hunter n'est pas d'ailleurs indemne de tout reproche, puisqu'elle est encore assez souvent suivie de suppuration, et une de nos observations en offre un exemple.

b. Le volume considérable de la tumeur est une circonstance qui donne souvent lieu à l'accident que nous étudions ; c'est un fait noté par un grand nombre d'auteurs, et qui s'explique facilement. Aussi les anévrysmes diffus sont-ils beaucoup plus sujets à suppurer, même sponta-

nément; c'est là un phénomène analogue à l'inflammation de certaines poches sanguines, suites de contusions.

c. La proximité du cœur. — La plus grande fréquence
de l'inflammation du sac dans les anévrysmes rapprochés
du cœur s'explique plutôt par la nécessité où l'on se
trouve dans ces circonstances de pratiquer la ligature
immédiatement au-dessus de la tumeur. Pour M. Richet,
la véritable cause de cette fréquence de l'inflammation
consécutive des anévrysmes rapprochés du tronc est d'une
part la proximité de la plaie par laquelle on va à la recherche de l'artère, et de l'autre leur volume considérable. La
statistique de Broca est instructive à ce sujet :

```
Sur  33 ligat. carotide  primit.,   7 cas de suppur. du sac = 21 %
     97    —    iliaque externe,   13            —              = 13 %
     20    —    fém. (anév. fém.)   3            —              = 15 %
    156    —    fém.(anév. popl.), 13            —              =  8 %
```

d. Il semble aussi que les anévrysmes les plus rapprochés
de la peau, ceux qui ont une tendance à se porter vers la
surface, dont la paroi s'est amincie et menace de se
rompre, ceux enfin qui ont été le siège de malaxations ou
de tentatives thérapeutiques infructueuses, soient plus
fréquemment atteints d'inflammation et de suppuration
après la ligature, et cela peut-être parce que les parties
environnantes sont plus distendues et plus altérées dans
leur texture, remarque qui avait été déjà faite par les
anciens auteurs.

Nous devons ajouter que la plupart des autres conditions nous échappent, soit qu'elles n'aient pas été suffisamment observées, soit plutôt qu'elles résident, comme
nous le croyons, dans la texture et la vascularisation du

sac anévrysmal lui-même qu'il est difficile de soupçonner *à priori*. Aussi l'on ne pourra jamais se promettre d'éviter sûrement cette complication après cette ligature.

Lorsqu'on verra la tumeur dont le ramollissement a augmenté présenter des points fluctuants, s'entourer d'un empâtement douloureux, la peau rougir et la chaleur augmenter au-dessus d'elle, il faudra craindre la suppuration du sac.

La poche peut se vider au dehors, suivant plusieurs processus : tantôt, à la façon d'un abcès, le point culminant s'amincit, s'ulcère et se perfore ; tantôt l'évacuation de la poche est précédée de la formation d'un abcès sous-cutané qui s'ouvre isolément, bientôt suivi de l'élimination du contenu du sac ; ou bien une partie de la peau se mortifie, se détache sous forme d'eschare ; d'autres fois, enfin, le sac enflammé s'ouvre dans le tissu cellulaire sous-cutané ; il y a alors production d'un phlegmon plus ou moins étendu et qui peut présenter lui-même une certaine gravité. C'est ce dernier mode qui s'est produit chez le sujet de notre observation III. Après avoir assisté au ramollissement de la poche, on vit tout à coup survenir un empâtement phlegmoneux de la partie supérieure de la cuisse et même de la région fessière, et dans la même journée il se fit, par la plaie de la ligature déjà en grande partie réunie, une issue abondante de matière d'abord sanieuse et rougeâtre, bientôt de sérosité sanguinolente et même de sang coagulé provenant de la rupture sous-cutanée et de l'évacuation du sac enflammé.

Dans les cas les plus favorables, l'inflammation et la suppuration du sac se bornent ainsi à présenter les phénomènes propres à l'évacuation d'une poche sanguine enflammée, exposée aux mêmes accidents et aux mêmes dangers que toute cavité suppurante, mais n'offrant pas une bien autre gravité que celle-ci. D'autres fois, au contraire, elle peut être suivie, plus ou moins tardivement, d'hémorrhagie, ce qui lui donne alors les caractères d'un accident des plus redoutables.

L'*hémorrhagie par le sac* se montre d'ordinaire peu de temps après son ouverture. Elle peut cependant être plus tardive; mais l'on cite comme exceptionnel le malade de Peace, qui eut une hémorrhagie consécutive à l'inflammation et à l'ouverture du sac, quatorze mois après la ligature de l'iliaque.

Elle est due à la même cause qui a amené l'inflammation du sac, c'est-à-dire l'absence d'organisation du caillot obturateur, qui cède à l'effort du sang; plus rarement elle est le résultat de la naissance, au niveau du sac, de collatérales non oblitérées.

Le danger d'hémorrhagie ajoute donc considérablement à la gravité de la suppuration de l'anévrysme; mais nous croyons cependant que l'on a un peu exagéré la fréquence de ce dernier accident et surtout la sévérité du pronostic. M. le professeur Le Fort, à la suite de sa statistique sur la ligature de la sous-clavière, a pu conclure que cet accident n'a pas toute la gravité qu'on lui attribue (surtout d'après les relevés de Norris), puisqu'il n'a causé la mort que de 5 malades sur 14 cas et 63 opérés, soit 7,9 pour 100. Ajoutons que, sur ces 5 cas de mort, un seul est dû à l'hémorrhagie. Mais, d'un autre côté, si, d'après la statistique de M. Le Fort, la suppuration du sac paraît un accident moins grave qu'on ne croyait, il semble aussi être beaucoup plus commun. Le relevé de Broca donne, sur 73 cas d'inflammation du sac, 19 hémorrhagies; dont 13 suivies de mort, 2 amputations et 4 guérisons.

L'époque d'apparition de la suppuration du sac varie entre le cinquième et le trentième jour et semble plus commune entre le dixième et le quinzième jour, d'après le relevé de Broca. Elle peut cependant se montrer beaucoup plus tard : trois mois après la ligature de l'iliaque externe dans le cas de R. Butcher; quatorze mois après, dans celui déjà cité de Peace. Dans une de nos observations, le sac qui avait diminué lentement, mais qui n'avait jamais durci complètement, a fini par suppurer 22 jours après l'opération.

Dans l'observation de ligature de l'iliaque externe, l'accident s'est montré du 15ᵉ au 18ᵉ jour.

Les seules précautions thérapeutiques à prendre en vue de cet accident, et lorsqu'il est survenu, sont relatives à la suppuration du foyer et consistent à prévenir la putréfaction des caillots par l'emploi des pansements antiseptiques. Ce qui importe surtout, c'est de prendre les dispositions nécessaires pour prévenir ou combattre à temps une hémorrhagie, au cas où elle viendrait à se produire.

RÉCIDIVES (1)

Nous avons vu que les pulsations reparaissent quel-

(1) Nous appelons *récidive* la réapparition et la reproduction permanente des battements et de la circulation dans la poche anévrysmale primitive, réservant le nom d'*anévrysme secondaire* à la dilatation artérielle qui peut se produire au-dessus ou au niveau de la ligature sous l'influence de la pression sanguine augmentée, et d'un défaut de résistance de l'artère.

quefois dans l'anévrysme sans être suivies de récidive. Le courant sanguin qui retourne dans le sac par les collatérales peut être suffisant un moment pour se frayer un passage à travers les caillots encore peu résistants des premiers jours qui suivent l'opération ; mais, sous l'influence du repos et du retrait de la poche, le trajet artificiel que le sang s'est formé s'oblitère bientôt. Les choses ne se passent pas toujours aussi heureusement, et, pour peu que la circulation collatérale soit plus active, le courant sanguin persiste à travers le sac, reproduisant ainsi tous les symptômes et tous les dangers de l'ancien anévrysme.

Broca a distingué les récidives *promptes* et *tardives*, et le moment de leur apparition varie en effet dans d'assez grandes limites. Ainsi on a pu voir cet accident survenir à toutes les périodes et même très longtemps après l'opération, lorsqu'on croyait le malade guéri, par exemple au bout de : 6 mois (Brodie, Briggs) ; 7 mois (Bellingham) ; 9 mois (Monteath, Lenoir) ; 10 mois (Liston) ; 1 an, Key, Hosack ; 2 ans (Roux) ; 4 ans (Gunning, Porta) ; 7 ans (Hawkins) ; même au bout de 15 ans (A. Cooper).

La récidive n'est pas un accident très rare de la ligature, surtout après le procédé de Hunter ; elle est presque exceptionnelle avec le procédé d'Anel. Elle est surtout fréquente dans certaines régions, en particulier dans les anévrysmes poplités ; il se trouve là des conditions très favorables à la reproduction des battements ; la ligature est le plus souvent faite par le procédé de Hunter, ou de Scarpa ; et il existe en outre dans cette région des collatérales volumineuses, les articulaires, la grande anastomotique, etc., qui rétablissent aisément la circulation. La récidive se produit rarement au contraire dans les anévrysmes qui siègent sur des artères comme la carotide, qui ne fournissent aucune collatérale ; aussi M. Le Fort, sur 47 cas de ligature de la carotide primitive, n'a relevé que 2 récidives.

En général, l'anévrysme récidivé est moins grave que l'anévrysme ordinaire, et, la circulation n'y étant jamais très active, sera plus facilement curable. On s'adressera pour cela de préférence à la compression directe et indirecte, à la flexion pour les anévrysmes poplités ; à la ligature d'Anel immédiatement au-dessus du sac, ou au-dessous dans le cas où le sang reviendrait par le bout inférieur ; rarement on sera obligé d'avoir recours à l'ouverture du sac conseillée par Roux, et exceptionnellement à l'amputation du membre.

Anévrysme secondaire. — Cette complication que les anciens auteurs regardaient comme fréquente, parce qu'ils ne croyaient pas que la récidive pût se faire dans le sac primitif, est au contraire assez rare. Elle s'explique par la même cause qui a produit la maladie première. C'est en effet chez les individus dont les tuniques artérielles sont altérées dans toute l'étendue du système circulatoire que l'on voit le choc du sang, devenu plus considérable au-dessus d'une ligature, provoquer le développement d'une nouvelle tumeur anévrysmale.

Tel est le mécanisme qui semble avoir présidé à la formation d'un anévrysme secondaire dans le cas récent rapporté par Winkfield (1), dans lequel une tumeur anévrysmale secondaire se montra après la ligature de la

(1) *British medical Journal,* nov. 1878.
(2) *Edimb. medical Journal,* janv. 1879.

fémorale pratiquée pour un anévrysme de ce vaisseau, et fut guérie par la ligature de l'iliaque externe.

Et dans celui plus remarquable encore de Steele (Henry); développement successif d'un anévrysme de la fémorale gauche et de la fémorale droite; ligature des deux crurales, bientôt survint au-dessus de la ligature un nouvel anévrysme fémoral nécessitant la ligature de l'iliaque externe; et le malade finit par mourir de la rupture d'un anévrysme de l'aorte abdominale siégeant au niveau de la bifurcation des iliaques primitives.

Le seul traitement à apporter à une pareille complication est une nouvelle ligature au-dessus de la tumeur. Malheureusement, comme on le voit par le dernier exemple que nous venons de citer, il est à craindre qu'il n'existe déjà, en vertu de l'altération généralisée des artères, des dilatations anévrysmales des troncs plus importants, sur lesquels la thérapeutique chirurgicale est impuissante, et qui peuvent même recevoir par le fait de la diminution du champ circulatoire un accroissement rapide et trop souvent mortel.

CHAPITRE V

MÉTHODES DE LIGATURE

Nous n'avons pas l'intention de nous arrêter longtemps sur ce sujet, mais seulement de donner une idée des avantages et des inconvénients de chacune des grandes méthodes de ligature et des cas où chacune d'elles est plus spécialement indiquée.

Des deux grandes méthodes classiques d'Anel et de Brasdor, la première répond aux indications les plus fréquentes, tandis que la seconde n'est en quelque sorte qu'un pis-aller dans les cas où celle-là est inapplicable.

Mais la méthode d'Anel elle-même comprend trois variétés qui constituent des procédés spéciaux : ils consistent, on le sait, à lier l'artère, immédiatement au-dessus du sac, sans laisser de collatérales (*procédé d'Anel*) ; à quelque distance du sac, en laissant un certain nombre de collatérales entre l'anévrysme et la ligature (*procédé de Hunter*) ; enfin, dans le *procédé de Scarpa,* on lie l'artère à une grande distance du sac anévrysmal.

On a reproché au procédé d'Anel de déterminer l'oblitération de la poche par des caillots passifs incapables d'organisation (Broca) ; de favoriser l'inflammation et la suppuration de la poche à cause du voisinage de la plaie de la ligature ; de porter un fil sur une partie du vaisseau malade aux environs du sac ; enfin la difficulté de son application, puisqu'il oblige d'opérer au voisinage de la poche, par conséquent au milieu de tissus dont la texture et les rapports sont plus ou moins modifiés... De ces objections il en demeure deux démontrées : la fréquence plus grande de la suppuration du sac, et la plus grande difficulté opératoire.

Hunter n'a lié l'artère plus haut que pour se mettre à l'abri des hémorrhagies secondaires, et parce qu'il croyait le vaisseau altéré à la proximité de la poche.

Plus tard Bellingham et Broca ont attribué les succès de ce procédé uniquement à la présence des collatérales qu'il laissait perméables, et qui devait ramener dans le sac anévrysmal la circulation nécessaire au dépôt lent et successif de caillots fibrineux qu'ils croyaient seuls propres à amener la cure complète de la tumeur. Mais, d'un autre côté, ce procédé expose à des accidents très sérieux : la gangrène et la récidive.

Le procédé de Scarpa n'est qu'une exagération de celui de Hunter ; et, en dehors du danger plus grand qu'il y a à reporter la ligature sur une artère plus rapprochée du cœur, il est surtout accusé de produire le sphacèle du membre.

Donc, si nous venons à comparer entre eux ces divers procédés, nous verrons que ceux de Hunter et de Scarpa ont pour eux l'avantage d'une facilité plus grande d'exécution, tandis que celui d'Anel expose moins à la gangrène et à la récidive ; peut-être, par contre, est-il plus souvent suivi de suppuration du sac.

D'ailleurs le siège de l'anévrysme et les circonstances

qui nécessitent l'opération décideront le plus souvent le chirurgien au choix de l'un ou de l'autre procédé. Il semble cependant que le procédé de Scarpa doive être plus rarement appliqué à cause du danger de sphacèle auquel il expose ; certains chirurgiens même, et parmi eux Malgaigne, condamnent absolument la ligature à grande distance.

Il est des cas, enfin, où le siège de la tumeur est tel que le procédé d'Anel est seul applicable : tels sont les anévrysmes du pli de l'aine et de la moitié supérieure de la carotide primitive.

Lorsque l'anévrysme est situé si près du tronc qu'il est impossible de poser une ligature au-dessus de lui, il reste une dernière ressource : c'est la méthode dite de Brasdor, qui consiste à lier l'artère entre les capillaires et la tumeur, de façon à convertir celle-ci en un véritable cul-de-sac où le sang peut se coaguler. Si Brasdor a eu le premier l'idée de cette méthode que Guthrie attribuait à Desault, elle fut appliquée pour la première fois par Vernet qui fit la compression de la fémorale au-dessous d'un anévrysme inguinal : tentative dont le résultat fut l'accroissement considérable de la tumeur. La première ligature au-dessous du sac fut pratiquée par Deschamps également pour un anévrysme volumineux de la partie supérieure de la cuisse ; et l'issue funeste qui suivit l'opération de Deschamps, ainsi que celle de A. Cooper un peu plus tard, ne fut pas de nature à encourager les chirurgiens dans cette voie. Le premier cas de guérison appartient à Wardrop (1825) et concerne un anévrysme énorme de l'origine de la carotide.

C'est pour des anévrysmes de l'iliaque, de l'origine de

là carotide, de la sous-clavière, de l'innominée et même de l'aorte, que la ligature de Brasdor a été tentée.

Les six observations de ligatures faites pour des anévrysmes iliaques ou fémoraux se sont terminées par la mort. La ligature de la carotide au contraire a donné par cette méthode un nombre de guérisons qui peut sans désavantage être mis en parallèle avec les résultats de la méthode d'Anel. En effet, sur neuf cas rapportés par M. Le Fort (1), quatre seulement sont suivis de mort, trois de guérison complète et deux d'amélioration très-marquée qui laissait espérer une guérison. Nous ajouterons à ces neuf cas l'observation remarquable présentée par M. Delens à la Société de chirurgie (2) dans la séance du 5 novembre 1879 : anévrysme de l'origine de la carotide gauche, ligature de Brasdor *avec le fil de catgut* au-dessus du muscle omo-hyoïdien, pratiquée le 14 juillet 1879 ; pas d'accidents cérébraux ; réunion immédiate profonde ; l'oblitération de l'artère s'est faite sans suppuration autour du fil ; la tumeur, d'abord diminuée, n'a pas tardé à reprendre sa marche expansive, mais le bruit de souffle a complètement cessé et n'a jamais reparu ; au commencement d'août, le malade quitte l'hôpital complètement guéri des suites de la ligature, mais conservant une tumeur anévrysmale considérable, animée de battements ; lorsque, trois mois après, M. Delens a présenté ce malade à la Société de chirurgie, l'anévrysme était complètement guéri et ne battait plus.

Des succès ont même été obtenus à la suite de l'emploi

(1) Art. *Carotide* du *Diction. encyclop. des sc. médic.*, 1874.
(2) *Bulletins et mémoires de la Société de chirurgie*, t. V, p. 828, et t. VI, p. 229.

de la méthode de Brasdor pour les anévrysmes innominés ;
et aux faits de ligatures de ce genre cités par tous les auteurs nous pouvons ajouter les suivants :

Ligature de la carot. et sous-clav. ; anév. innominé ; insuccès
(Fréd. Enson, *The Lancet*, fév. 1874). — Anév. innominé ; guérison
complète par la ligat. *antiseptique* de la carotide et de la sous-clavière (Rich. Barwell, *The Lancet*, nov. 1877). — Ligat. simult. de la
carot. primit. et de la s.-clav. droite pour un anév. du tronc brach.-
céph. ; rupture du sac pendant un effort, 15 j. après l'opérat. ; gangrène, mort (J. Elliot, *American Journ. of medic. science*, avril 1877)
— Anév. du tr. brach.-céphal. ; ligat. s.-clav. et carot. ; résultat
d'abord heureux ; mort au 76ᵉ jour par hémorrhagie dans un abcès
développé tardivement autour de la carotide (Kelburne King, *The
Lancet*, I, 1878). — Anévrysme de l'aorte traité avec succès par la
ligat. de la carot. primit. droite (Th. Annandale, *British medic.
Journal*, 1875).

Mais le procédé primitif de Brasdor n'est pas toujours
et partout rigoureusement applicable, et a subi diverses
modifications qui consistent à ne lier qu'une des branches
collatérales (procédé de Wardrop), ou les deux branches
à une certaine distance du sac, en laissant, entre l'une des
ligatures et la tumeur, un certain nombre de collatérales
(procédé de Fearn, qui n'est qu'une modification du précédent).

Ainsi, dans les cas d'anévrysmes du tronc brachio-céphalique, on a lié tantôt la sous-clavière seule (Wardrop,
Broca), la carotide seule (Evans), ou successivement à
intervalles la carotide et la sous-clavière (Fearn, Wickham),
enfin ces deux vaisseaux simultanément (Rossi, Heath,
Maunder) ; Malgaigne a lié une fois la carotide et l'axillaire successivement, et Laugier l'axillaire seule.

Wardrop croyait, en éloignant la ligature du sac, se

mettre dans les mêmes conditions que le procédé de Hunter présentait dans la ligature au-dessus de la tumeur. Mais ici les conditions sont toutes différentes, et l'examen des faits, déjà assez nombreux aujourd'hui, a prouvé que les conditions les plus favorables étaient l'arrêt complet de la circulation dans le sac. Aussi c'est dans le traitement des anévrysmes carotidiens, où la méthode de Brasdor est appliquée dans toute sa rigueur, que les guérisons sont le plus nombreuses ; et, dans les faits rares d'amélioration survenue par le procédé de Wardrop, l'autopsie a démontré plus tard que la guérison était due à l'oblitération spontanée de la branche artérielle qu'on avait voulu laisser perméable (fait de Broca, d'Evans, de Mott).

Il est donc indiqué, chaque fois qu'on le pourra, de ne laisser aucune branche importante perméable entre la ligature et le sac. Mais cette pratique n'est guère applicable à l'anévrysme brachio-céphalique. Sans doute on peut à la rigueur, et Rossi l'a fait en 1844, lier la carotide et la sous-clavière à son origine ; mais la ligature de la sous-clavière en dedans des scalènes a été jusqu'à ce jour constamment suivie de mort. Quant à la ligature en dehors des scalènes, la seule praticable, elle laisse à la circulation une dérivation importante, représentée par la mammaire interne, la vertébrale, l'intercostale supérieure, la thyroïdienne, etc. ; c'est pourtant la seule ressource qui donne quelque chance de guérison.

En raison des cas rares où la ligature de la carotide seule a pu permettre à la nature de compléter l'opération en oblitérant peu à peu et d'elle-même la sous-clavière, il est indiqué, lorsqu'on se décide à intervenir chirurgicalement dans un anévrysme du tronc brachio-céphalique, de commencer par la ligature de la carotide, aidée de la compression de la sous-clavière à son passage sur la première côte ; ce n'est que si la compression est insuffisante qu'on pratiquera la ligature de la sous-clavière elle-même.

La méthode de Brasdor, malgré ses nombreux insuccès, est donc une méthode précieuse dans certains cas, et d'autant plus précieuse qu'elle n'est appliquée qu'aux anévrysmes des troncs artériels les plus volumineux, à ceux devant lesquels les autres méthodes chirurgicales sont obligées d'avouer leur impuissance.

Méthode de la double ligature. — La ligature au-dessus et au-dessous du sac, qui forme le premier temps de la méthode ancienne, a été employée par quelques chirurgiens sans ouverture du sac. Son effet est à peu près analogue à la ligature d'Anel ; peut-être expose-t-elle davantage encore à la suppuration de l'anévrysme ; mais on a vu aussi, après son emploi, le sang se résorber et disparaître.

On peut la pratiquer, soit par le procédé de Pasquier et de Roux, incision unique de la peau ; soit par le procédé de Malgaigne, bien préférable, qui ne dénude pas la tumeur : incision double au-dessus et au-dessous du sac.

La double ligature est presque exclusivement réservée au traitement des anévrysmes artérioso-veineux. Elle serait encore indiquée dans les anévrysmes des extrémités des membres où de larges anastomoses ramènent le sang par le bout inférieur. Il semble qu'elle serait préférable à la méthode ancienne, dont elle n'est, d'ailleurs, qu'une variété; et, au cas où le caillot ne serait pas résorbé, et où le sac tendrait à suppurer, on serait toujours à temps de compléter l'opération par l'ouverture de la tumeur, ce qui revient, en définitive, à la méthode ancienne exclusivement recommandée par certains auteurs dans ces circonstances.

CHAPITRE VI

Le moment est venu d'apprécier la valeur de la ligature comme méthode de traitement des anévrysmes, et de préciser les circonstances qui réclament de préférence l'emploi de ce moyen, et d'autre part celles qui le contre-indiquent.

Cette appréciation est entourée des plus grandes difficultés. Comment comparer, en effet, entre elles des méthodes thérapeutiques, applicables pour la plupart à des cas déterminés, et non à la généralité des anévrysmes, en particulier la méthode ancienne, les injections coagulantes, l'acupuncture et l'électro-puncture, l'introduction de corps étrangers métalliques ou autres, dans le sac, la flexion, la méthode d'Esmarch, etc. ? Disons avec M. le professeur Richet, que toutes ces méthodes, la *compression* surtout, ont réalisé des progrès; « mais si chacune d'elles répond à des cas spéciaux, à des indications particulières, et réussit mieux dans certaines circonstances données, il n'en est pas moins vrai que seule la ligature reste en présence de tous les cas les plus graves et les plus compliqués, comme la dernière, la suprême ressource alors que toutes les autres ont échoué. On comprend dès lors, de quelle difficulté, j'oserai dire insoluble, est entourée|son appréciation, soit comparative, soit absolue. »

Et le même auteur ajoute plus loin : « Quant à dire d'une manière générale dans quels cas plus spécialement cette méthode doit être appliquée préférablement à toute autre, je déclare que cela est impossible. »

Disons cependant que les méthodes plus inoffensives que la ligature, entre autres la flexion, la méthode d'Esmarch, la compression indirecte surtout, devront être préalablement essayées dans la grande majorité des cas. C'est là la pratique de tous les chirurgiens, et la plupart des ligatures sont faites de nos jours à la suite de l'insuccès de la compression. Ces insuccès ne sont pas rares d'ailleurs : tantôt il est impossible d'obtenir la coagulation dans la tumeur ; ou bien cette coagulation n'est que passagère et la récidive se produit aussitôt que la compression est cessée ; tantôt la compression devient intolérable à cause des douleurs vives qu'elle détermine, de l'œdème qu'elle provoque, ou même des eschares qu'elle peut amener.

On a encore conseillé de pratiquer immédiatement la ligature de préférence à tous les autres moyens, dans le cas d'anévrysme faux primitif, dans le cas de sphacèle de la peau ou d'hémorragie à redouter, de douleurs vives qui empêchent la compression ; lorsque le sac menace de se rompre ; et encore lorsqu'il existe des varices et de l'œdème du membre. Lorsque l'anévrysme par son volume entrave la circulation en retour, et qu'il tend sans cesse à s'accroître, s'il menace de se rompre, il ne reste qu'à suspendre immédiatement et complètement le cours du sang dans l'artère malade , soit par la compression continue totale et prolongée, soit mieux encore par la ligature ; et dans ce cas, comme le dit M. Verneuil, la meilleure chirurgie conservatrice ne consiste pas à employer les moyens les plus innocents, mais bien plutôt à proportionner l'énergie des agents à l'intensité du mal.

Dans nos observations, la ligature n'a été pratiquée qu'après l'insuccès complet et bien constaté de la compression et des autres moyens de traitement.

Dans la première (*anévrysme poplité*), la flexion, la compression indirecte, digitale, mécanique, incomplète ou complète, intermittente ou continue, ont été successivement mises en œuvre et avec une persévérance soutenue pendant un mois et demi environ, mais sans succès ; nous devons même ajouter que les mauvais résultats donnés dans ce cas par la compression ont créé à la ligature des conditions très défavorables, et auxquelles nous croyons pouvoir attribuer la suppuration du sac qui s'est produite.

C'est également à cause de l'œdème du membre et des douleurs provoquées par la compression que la ligature a dû être pratiquée dans notre observation (IIe) d'anévrysme fémoral.

Enfin, malgré la difficulté qu'il y eut à comprimer l'iliaque externe au-dessus d'un anévrysme qui remontait assez haut sur cette artère, et de l'empâtement douloureux qui existait dans la fosse iliaque, la compresison a été employée aussi, mais sans résultat, chez le sujet de notre observation (IIIe).

Suivant notre maître, M. le professeur Combalat, ces faits viendraient démontrer une fois de plus l'insuffisance et même *l'influence malfaisante* de la compression dans certains cas d'anévrysmes volumineux, et qui sont plutôt justiciables de la ligature.

On voit, par tout ce qui précède, combien il est difficile et même impossible d'établir un parallèle entre la ligature et là compression : celle-ci choisissant les cas et le terrain les plus favorables ; celle-là, au contraire, réservée pour les circonstances les plus graves.

Toutes les indications de la ligature se trouvent ainsi résumées dans cette considération : c'est la suprême ressource dans les cas où les autres moyens ont échoué ou sont inapplicables.

Contre-indications. — Mais est-il des cas où la ligature elle-même doit être repoussée, et où la chirurgie est condamnée à demeurer impuissante ?

Oui, sans doute, et, si les conditions que nous allons passer rapidement en revue ne sont pas toujours des contre-indications absolues à la ligature, comme d'ailleurs aux autres moyens chirurgicaux, elles constituent toujours des circonstances très défavorables et qui doivent être prises en très sérieuse considération avant de se décider à intervenir.

L'âge avancé du malade doit faire repousser absolument la ligature, d'après un certain nombre de chirurgiens, à cause de l'altération constante du système artériel à cet âge. Toutefois M. le professeur Verneuil, tout en admettant la gravité plus grande de l'anévrysme chez le vieillard, est cependant assez partisan, même dans ce cas, de la ligature et des autres méthodes. Nous avons cité plus haut le cas de Bœckel d'une ligature au catgut de la fémorale pratiquée avec un plein succès et sans accident chez un vieillard de 79 ans.

L'*altération des parois artérielles*, et, comme le dit
M. Demarquay, l'âge souvent plus avancé du vaisseau
que celui du malade, sont chez l'adulte comme chez le
vieillard la vraie contre-indication à la ligature. C'est chez
les buveurs et chez certains diathésiques (syphilis, signalée comme étiologie dans un grand nombre d'observations,
arthritis, herpétisme), que cette condition défavorable se
rencontre le plus fréquemment.

Elle expose, en particulier, au danger d'hémorrhagie
secondaire, suite d'application d'une ligature sur une artère malade, et au danger plus imminent encore de la
gangrène du membre à cause de la difficulté du rétablissement de la circulation collatérale.

Ce n'est pas là cependant une contre-indication formelle, et notre observation III est un bel exemple de guérison, malgré l'état athéromateux très avancé des artères
et malgré d'autres mauvaises conditions. Nous pourrions
trouver dans les faits publiés un certain nombre d'exemples
analogues ; aussi nous croyons devoir nous rallier à l'avis
d'A. Cooper, disant que, dans le cas d'athérome généralisé, on peut opérer avec quelque espoir de succès, lorsqu'il est impossible de faire autrement, et plutôt que
d'abandonner le malade à une mort assurée.

Le *volume considérable* et l'*état diffus de l'anévrysme*
peuvent aussi devenir une contre-indication à cause de
l'imminence de la gangrène. Aussi la ligature n'est indiquée qu'au début de l'anévrysme diffus ; et il faut que
très peu de temps se soit écoulé depuis la rupture, et que
la vitalité et la température ne se trouvent pas très com-
promises par le sang qui s'est répandu dans une grande
partie du membre.

Anévrysmes multiples et affections cardiaques. La présence de plusieurs anévrysmes sur le même membre prédispose beaucoup à la gangrène comme nous l'avons vu précédemment ; on a pu cependant obtenir des guérisons complètes malgré cette complication.

Le danger est beaucoup plus grand lorsque des dilatations anévrysmales siègent sur les gros vaisseaux du tronc ; ce serait même là dans certaines circonstances une contre-indication formelle à toute opération.

En revanche, l'expérience a démontré que l'existence d'une lésion cardiaque, fréquente d'ailleurs chez les anévrysmatiques, ne devait pas être toujours considérée comme un obstacle absolu à l'intervention chirurgicale. J. Porter (de Dublin) (1) rapporte un exemple remarquable, dans lequel la ligature fut suivie de succès, malgré la présence de plusieurs contre-indications. Sur le même sujet existaient deux anévrysmes poplités que l'on traita par la compression sans que les deux tumeurs parussent diminuer. On s'aperçoit alors d'une nouvelle complication ; un troisième anévrysme existe le long de l'artère fémorale droite. La compression est reprise en appliquant la pelote sur la région iliaque, et y joignant la flexion forcée de la jambe ; aucun résultat ; même insuccès avec les injections sous-cutanées d'ergotine au voisinage de la tumeur pulsatile. Le chirurgien se décide alors à lier l'artère iliaque externe droite ; la guérison est complète trois mois après. Quant à l'anévrysme poplité gauche, de nouvelles tentatives de compression en amènent la cure définitive. Ce cas est d'autant plus satisfaisant que chez ce malade tout le système vasculaire était athéromateux,

____

(1) J.-H. PORTER, *The Dublin journ. of medic. science,* sept. 1875.

et que l'on entendait un murmure diastolique d'insuffisance aortique à la base du cœur.

De même, chez le malade qui fait l'objet de notre troisième observation, il existait à la fois une artérite généralisée et un rétrécissement avec insuffisance aortique très accusée, conditions défavorables qui, jointes au volume de la tumeur et à l'impossibilité de déterminer exactement sa limite supérieure, avaient fait hésiter un moment sur l'opportunité de l'intervention chirurgicale.

Le succès complet qui a suivi l'opération est venu confirmer encore une fois cette opinion que le chirurgien ne doit pas toujours se laisser arrêter par les contre-indications qui lui paraissent même les plus sérieuses, et que, dans une affection dont l'issue est inévitable et fatale, il faudra souvent ne pas hésiter à faire courir au malade les dangers de cette ressource ultime, en vertu du vieil adage : *Melius anceps quam nullum.*

OBSERVATION I

Anévrysme spontané de l'artére poplitée droite. — Ligature de la fémorale au tiers moyen de la cuisse. — Suppuration du sac. — Guérison.

Le nommé Paulet (François), âgé de 51 ans, forgeron, né à Nantes entre, le 15 février 1878, à l'Hôtel-Dieu de Marseille, salle Mouland n° 13, dans le service de clinique chirurgicale de M. le professeur Combalat. Il est porteur d'une tumeur volumineuse siégant dans le creux poplité du côté droit. La main appliquée sur celle-ci perçoit des battements isochrones à ceux du pouls, ainsi qu'une sensation de soulèvement et d'expansion. La tumeur est réductible par la pression, et l'a compression de la fémorale détermine son affaissement et la cessation des battements. Le sphygmographe appliqué sur elle donne un tracé d'une grande amplitude et très régulièrement onduleux. L'auscultation permet de constater un soufle double, l'un diastolique, l'autre systolique, celui-là plus doux et plus faible.

Cette tumeur affecte un volume considérable ; le creux poplité est complètement effacé ; la circonférence du genou au niveau de la rotule est de 33 centimètres, 15 centimètres de plus que du côté opposé. La mensuration donne 12 centimètres dans le sens transversal, 15 dans le sens longitudinal, et une saillie de 5 centimètres dans le creux poplité. La peau présente une coloration normale ; la jambe est légèrement fléchie sur la cuisse et le segment inférieur du membre est légèrement œdématié.

Le malade est un ancien militaire atteint de rhumatisme articulaire aigu, il y a vingt ans. Il n'a pas ressenti depuis le plus petit malaise. L'auscultation cardiaque donne des signes négatifs, ainsi que celle des voies respiratoires. Il avoue avoir contracté en Afrique l'habitude de boire des boissons alcooliques, boissons qu'il a continuées depuis, mais avec mesure, dit-il.

Paulet fait remonter sa maladie à deux ans. A cette époque, durant une longue course, il fit une chute à la suite d'un faux pas. En se relevant, il ressentit une douleur très vive dans la région poplitée droite. Cette douleur disparut petit à petit sous l'influence du repos et de quelques applications résolutives. Quinze mois après, à la suite d'une nouvelle chute, la même douleur se renouvela, plus intense cette fois, et fut accompagnée de l'apparition d'une légère grosseur qui augmenta petit à petit, et acquit, dans l'espace de six mois, le volume actuel. La santé du malade est excellente, l'analyse des urines a donné des résultats négatifs.

M. le professeur Combalat fit appliquer d'abord la compression digitale indirecte et partielle. Les aides étaient renouvelés toutes les demi-heures ; et la compression devait porter sur divers points de la fémorale à partir de l'éminence iliopectinée. Dès la troisième heure, le malade éprouva quelques douleurs assez vives le long du membre et au niveau de la tumeur. Douze heures après, celle-ci avait augmenté de consistance et les battements avaient diminué. Continuée sans interruption pendant une semaine, la compression amena une augmentation de résistance dans les parois de la poche. Le sphygmographe appliqué sur la tumeur fait constater une diminution dans l'amplitude des ondulations du tracé.

Le malade se refusant à laisser continuer ce mode de compression qui l'a privé en partie de sommeil, et a rendu la peau douloureuse, la *compression digitale totale et intermittente* vient remplacer le premier procédé.

Après huit jours, la poche anévrysmale n'ayant subi aucune modification et ayant même semblé perdre de sa consistance, M. le professeur Combalat remplace la compression digitale par la *compression mécanique*. Celle-ci est pratiquée d'une façon continue, mais sans supprimer entièrement le courant sanguin dans la tumeur. Les divers appareils sont appliqués alternativement au pli de l'aine, au triangle de Scarpa, au tiers moyen de la cuisse. Au pli de l'aine on a recours au compresseur de Broca ; au sommet du triangle de Scarpa on applique un entonnoir dans lequel on met de la grenaille de plomb pour augmenter à volonté la pression ; enfin, c'est le tourniquet avec pelote que l'on emploie à la partie moyenne de la cuisse.

Cette compression, n'ayant pas donné de résultats, fut après 5 jours abandonnée pour la *compression mécanique totale et intermittente*. Les séances étaient de trois heures, coupées par un repos équivalent. En l'absence de modifications dans la poche anévrysmale après huit jours, la *flexion de la jambe* sur la cuisse, méthode conseillée pour la première fois par Hart, est aussi appliquée, mais sans efficacité. Cette compression détermine des douleurs vives du côté de la tumeur, des crampes et des fourmillements dans la jambe, ainsi qu'un léger œdème. La peau de la région poplitée rougit; les parois du sac s'amincissent.

En présence de cet état, M. le professeur Combalat conseille au malade, comme dernière ressource, la ligature de la fémorale.

Cette opération fut pratiquée le 2 mars, et la ligature faite au tiers moyen de la cuisse, suivant le procédé de Desault ou de Hunter. Le membre étant mis dans le relâchement, la cuisse étant portée dans l'abduction et la rotation en dehors, et la jambe légèrement fléchie sur la cuisse, une incision de 8 centimètres fut faite dans la direction et sur le trajet du couturier. La peau, le tissu cellulaire et l'aponévrose du couturier incisés, ce muscle fut déjeté en dedans et le paquet vasculaire mis à nu. La gaine vasculaire ouverte, l'artère, après sa dénudation dans une étendue de 2 centimètres, fut liée avec un fil ciré ordinaire passé avec une aiguille de Deschamps de dedans en dehors entre la veine et l'artère.

L'opération, faite très rapidement, n'avait donné lieu qu'à un écoulement sanguin tout à fait insignifiant. Un des chefs du fil fut sectionné, et l'autre fixé dans l'angle inférieur de la plaie, dont les lèvres sont maintenues au contact au moyen de quatre points de suture. Par-dessus est placé un plumasseau de charpie imbibée d'alcool, maintenu par une compresse longuette et une bande roulée. Tout le membre inférieur est ensuite enveloppé d'une épaisse couche de ouate, placé sur un plan incliné de façon que le pied soit plus relevé que le bassin, et entouré de cruchons d'eau chaude.

Peu après l'opération, le membre est légèrement refroidi; le blessé a éprouvé des crampes et des fourmillements dans tout son trajet.

Un julep gommeux, contenant 30 grammes de sirop diacode et 20 grammes alcool, est prescrit pour la journée; bouillon toutes les trois heures.

La température axillaire prise après l'opération est de 37°; le pouls à 80, petit, faible.

Le 2 *mars* au soir. Pouls à 90. Temp. 37° 5; léger refroidissement du membre; crampes et fourmillements persistants; julep avec 0,10 centig. extrait thébaïque pour la nuit.

3 *mars.* La nuit a été assez calme; la réaction est plus intense :

pouls à 100; température, 38° 3. La température du membre opéré tend à se rapprocher de la normale. Les crampes et les fourmillements diminuent; légère induration de la tumeur. — Julep avec xx gouttes teinture de digitale et 30 gram. sirop diacode. — Limonade. Bouillons, potages légers. — Soir. — Le pouls est à 110, la température à 39°.

4 *mars*. — La nuit est bonne. — Plus de douleurs du côté opéré. Pouls à 96. Température, 38°. — Même médication. — Dans l'aprèsmidi, pas d'aggravation.

5 *mars*. On fait le premier pansement. La réunion est presque faite dans la plus grande partie de l'incision, sauf à l'angle inférieur où se trouve le fil. Pas de rougeur de la peau ni de gonflement. Lavage à l'eau alcoolisée. Pansement à l'alcool. Les battements de la tibiale semblent se percevoir derrière la malléole. La tumeur durcit de plus en plus. Pouls, 80. Température, 37° 8.

6 *mars*. Le malade demande à manger le demi-quart. Même traitement. Vin de Bordeaux. Pouls, 80. Température, 37° 5.

Le soir, l'opéré se plaint d'un peu de malaise, de crampes, de fourmillements dans la jambe, et d'une légère douleur dans le creux poplité. Pouls, 95. Température, 38° 2.

7 *mars*. Nuit sans sommeil; ventre météorisé; plus de selles depuis l'opération. Pouls, 110. Température, 39°. Douleurs vives dans toute la jambe. Second pansement; les bords de la plaie sont légèrement tuméfiés; écoulement purulent par l'angle inférieur. On enlève les quatre points de suture, et on les remplace par une suture sèche avec des bandelettes de toile collodionnée. Lavage et pansement avec l'eau alcoolisée. La tumeur semble rester stationnaire dans sa marche régressive. Prescription : lavement purgatif; bouillons et potages ; même médication : digitale et opium.

8 *mars*. La fièvre et l'agitation sont moindres; le malade a un peu dormi. Pouls, 104; température, 38° 5. Pansement: les bords de la plaie sont moins tuméfiés, l'écoulement du pus plus abondant.

9 *mars*. La nuit a été excellente; fièvre modérée. Pouls, 85; température, 38°. La plaie marche rapidement vers la cicatrisation. Les battements de la tibiale postérieure se perçoivent plus distinctement.

10, 11 et 12 *mars*. La température oscille aux environs de 38°. — Le pouls est à 80.

13 *mars*. L'état général est excellent; la plaie est presque cicatrisée, sauf au niveau du fil à ligature. La tumeur, qui avait durci jus-

qu'à ce jour, semble se ramollir. Application de vessies de glace.
— Même traitement général. Pouls, 85. Température, 38°.

14 *mars*. Suppuration presque nulle du côté de la plaie. La tumeur durcit un peu sous l'influence de la glace. Pouls, 80. Température, 37° 6. Potion avec 3 gr. extr. mou de quinquina. — Rôti, vin de Bordeaux.

15 *mars*. Le fil à ligature tombe à l'aide d'une légère traction, treize jours après l'opération. Pouls, 80. Température, 37° 2.

16 *mars*. La plaie de la ligature est presque guérie ; plus de suppuration. Fausse fluctuation du côté de la tumeur, sans battements, sans rougeur ni chaleur de la peau ; point de fièvre ; léger engourdissement du membre. — Suppression de la glace.

17 *mars*. La fluctuation est plus manifeste, sans phénomènes inflammatoires. Le blessé n'accuse aucun malaise.

21 *mars*. La plaie de la ligature est complètement cicatrisée. — Légères douleurs dans le creux poplité. La peau est rouge, chaude, les tissus sous-cutanés tuméfiés. Les battements de la tibiale postérieure sont moins bien perçus. Vessies de glace sur la tumeur.

24 *mars*. La nuit a été un peu agitée ; de vives douleurs se font sentir au niveau du creux poplité. Une inflammation phlegmoneuse, circonscrite à la poche, semble devoir s'établir malgré la glace. Pouls, 90. Température, 38° 2.

26 *mars*. La fluctuation est manifeste. La rougeur se répand du côté de la jambe. Afin d'éviter le phlegmon des parties voisines ou l'amincissement des parois et la rupture prochaine de la poche. M. le professeur Combalat n'hésite pas à pratiquer une incision qui donne issue à un écoulement de pus, mêlé à des caillots de sang noir et grumeleux. L'exploration de la région, faite avec le doigt, permet de constater un plan résistant profond, mais aucun battement.

Cette poche est lavée et pansée à l'eau alcoolisée. Flexion de la jambe sur la cuisse.

Potion avec 10 centigr. extr. thébaïque et 20 gouttes teint. de digitale.

27 *mars*. Suppuration abondante. Lavage et pansement à l'alcool. Réaction fébrile modérée. Pouls, 100. Température, 38° 4.

28 *mars*. La nuit a été meilleure. La plaie devient rosée et la suppuration diminue. Pouls, 80. Température, 38°.

29, 30, 31 *mars*. La fièvre cesse, le thermomètre redescend au chiffre normal. On suspend toute médication générale. La plaie se rétrécit de plus en plus. Aucune pulsation n'est perçue dans tout le trajet de la poplitée.

10 *avril*. La guérison est complète. Les battements de la tibiale et de la pédieuse sont faiblement perçus. Pas d'œdème, si ce n'est le soir, après la marche.

1er *mai*. Des mouvements de flexion et d'extension sont imprimés au membre pour faire cesser la raideur articulaire et l'impossibilité de mettre la jambe dans la rectitude complète. — Le redressement progressif est tenté à l'aide de l'appareil de Bonnet.

Plusieurs mois sont nécessaires pour faire cesser cette infirmité. — Le malade sort guéri, ne conservant qu'une légère raideur, qui s'est dissipée complètement dans la suite.

OBSERVATION II

Anévrysme-fémoral traumatique de la partie moyenne de la cuisse. — Compression inefficace. — Ligature de la crurale, puis ouverture du sac. — Guérison.

Auguste Tirion, âgé de dix-huit ans, apprenti cuisinier, entre à l'Hôtel-Dieu de Marseille, salle Cauvière, n° 29, dans le service de M. le docteur Marcorelles, suppléant M. le professeur Combalat, le 4 août 1877. Il nous raconte que, le 18 juin dernier, le couteau dont il se sert lui ayant échappé des mains, un mouvement malheureux qu'il fait pour le ressaisir l'enfonce de 6 à 7 centimètres dans la partie interne de la cuisse, à l'union du tiers inférieur avec les deux tiers supérieurs. Un jet de sang jaillit aussitôt de la plaie; mais bientôt le sang ne coule plus qu'en bavant, et le médecin appelé peut arrêter l'hémorrhagie par un bandage compressif qui reste appliqué pendant huit jours. Au quinzième jour, le malade sort, sa plaie étant cicatrisée, et n'éprouve rien de particulier jusqu'au 24 juillet. Ce jour-là, à la suite d'une marche un peu prolongée, il ressent quelques douleurs à la cuisse, puis celle-ci commence à augmenter de volume, et dès ce moment un médecin peut constater la présence d'un anévrysme. C'est dix jours après que ce jeune homme est admis à l'hôpital.

Actuellement, le malade présente à la région interne de la cuisse, au niveau de l'anneau du troisième adducteur, une cicatrice qui n'atteint pas 2 centimètres de longueur; et en dehors de celle-ci une

tumeur peu saillante, étendue en surface, mesurant 8 à 9 centimètres de diamètre. Par l'application de la main, on sent un soulèvement rhythmique, et des battements isochrones avec ceux du pouls,
appréciables à la vue et accompagnés d'un mouvement d'expansion.
A l'auscultation s'entend un bruit de souffle unique et intermittent
coïncidant avec le battement expansif. Le diagnostic anévrysme n'est
pas douteux. L'état de la tumeur et de la cuisse engage à commencer
le traitement par la compression de la crurale au-dessous de l'arcade, au moyen d'un entonnoir rempli de grains de plomb et fait
exprès pour ce genre de compression.

La compression commencée le 6 août semble donner d'abord
d'assez bons résultats. La tumeur durcit un peu, les battements deviennent moins forts, le souffle plus voilé. Mais le malade est indo-
cile et fait la compression d'une façon très intermittente. Ce traitement est néanmoins continué. Le 9 août, les douleurs assez vives
qui se sont produites obligent à le suspendre.

10 *août*. — La compression est reprise; on diminue la quantité des
grains de plomb. Malgré cette précaution, les douleurs persistent le
11 et le 12.

De l'œdème et un empâtement douloureux envahissent le membre, accompagnés du développement des veines sous-cutanées.

Le 13, on est forcé de suspendre la compression en raison des
douleurs violentes et du gonflement qu'elle a déterminé dans le
membre, et de faire des applications émollientes.

15 *août*. — La tension de la jambe et de la cuisse a diminué,
excepté au niveau de l'anévrysme qui est tuméfié, douloureux avec
empâtement phlegmoneux des parties voisines.

On perçoit toujours des battements et du souffle, moins marqué
cependant qu'au début.

17 *août*. — Les symptômes précédents ont augmenté d'intensité;
il y a de la fièvre.

La tumeur est plus distendue et les douleurs sont vives; la peau a
pris une teinte rouge-violacé à sa surface.

En présence de ces symptômes, la ligature de la fémorale est décidée et est pratiquée le matin même, au sommet du triangle de
Scarpa, avec un fil ordinaire. Le haut de la plaie est réuni par des
points de suture, et le membre enveloppé d'une couche de ouate et
entouré de cruchons d'eau chaude.

Le pouls, qui était à 100, monte à 132 après l'opération.

17 soir. P. 132. Le malade souffre toujours d'élancements douloureux aux environs de la tumeur ; pas de fourmillements dans le pied
et la jambe.

Le 18 au matin, la tuméfaction de la cuisse n'a pas diminué; il existe
tout autour et au niveau même de l'anévrysme un gonflement phlegmoneux très accusé, avec œdème du tissu cellulaire. Des frissons ré-
pétés, des élancements, de l'œdème font penser à une suppuration
profonde, et l'on se décide à ouvrir le sac. Une incision est pratiquée
sur la tumeur, à la partie interne de la cuisse ; l'aponévrose incisée,
on se trouve dans la cavité du sac, qu'on débride largement et qu'on
vide d'une grande quantité de caillots, plus ou moins dissociés dans
le sérum. Les caillots évacués, il se fait une hémorrhagie assez in-
quiétante, qui a dû être arrêtée par la ligature au-dessus et au-
dessous du sac. La poche est bourrée de charpie et le membre enveloppé de ouate.

18, soir. Sensation subjective de froid au membre opéré. Pouls à
140, irrégulier.

19 août. P. 108. Le malade n'a pas souffert, on ne touche pas au
pansement.

20. Amélioration sensible de l'état général. La poche est vidée des
caillots qu'elle contenait encore et est tamponnée de nouveau avec
de la charpie.

Bientôt la fièvre tombe, le fond de la poche bourgeonne, et, à partir
du 25 août, on peut en rapprocher les bords au moyen de compresses
graduées, maintenues par des bandelettes de diachylon ; un drain
est placé, à travers lequel on fait des injections d'eau alcoolisée. Les
plaies sont pansées à l'alcool.

Les fils à ligature tombent successivement ; le plus inférieur, le
25 août ; les deux autres ne se détachent que le 31.

Aucun accident ne s'est montré du côté du membre. L'état général
du malade est assez satisfaisant; il s'est produit cependant un commencement d'eschare au sacrum, qui n'a pas tardé à guérir après l'emploi du coussin à air.

Le 1er octobre, il ne reste plus qu'une plaie insignifiante à la partie
moyenne de la cuisse; la plaie de la ligature est cicatrisée.

Le 21 octobre, le malade sort complètement guéri.

M. le docteur Marcorelles a eu récemment l'occasion de revoir ce
jeune homme, trois ans après l'opération ; son état est aussi satis=

faisant que possible, au point de vue de la santé générale aussi bien que du membre opéré.

OBSERVATION III

Anévrysme ilio-fémoral. — Ligature de l'artère iliaque externe avec le fil de catgut phéniqué. — Guérison après suppuration du sac.

Le nommé Capeller, Pierre, âgé de 36 ans, né à Marseille, et exerçant la profession de grillageur, entre à l'Hôtel-Dieu de Marseille, dans le service de M. le professeur Fabre, le 27 février 1880. Il est couché au n° 5 de la salle Ducros.

Cet homme présente de bons antécédents héréditaires : son père et sa mère sont morts de maladies aiguës à un âge fort avancé. Lui-même paraît avoir joui jusqu'à ces derniers temps d'une excellente santé. Il n'accuse, comme maladie ancienne, qu'un chancre contracté à la Martinique, il y a une douzaine d'années, alors qu'il servait dans la marine de l'État. Ce chancre s'était compliqué d'adénite suppurée, et il est impossible de trouver chez lui aucune trace de syphilis. Il n'a jamais eu non plus de rhumatismes, et ne s'est jamais livré à des excès alcooliques.

Depuis deux ans et demi environ il présente dans la marche des troubles qui rappellent la claudication intermittente des chevaux. (Cette claudication, que les vétérinaires ont décrite chez les chevaux et que M. le professeur Charcot a rencontrée chez l'homme, paraît être la conséquence de l'athérome artériel.) Après quelques instants de marche, surtout s'il s'agit de monter une pente un peu rapide, le malade est pris de crampes et de raideur telles qu'il est obligé de s'arrêter subitement et ne peut continuer sa route qu'après quelques instants de repos.

Depuis deux mois, au dire du malade, il s'est développé du côté droit, au niveau du pli de l'aine, une petite tumeur semblable à une glande qui est allée rapidement en augmentant et est devenue le point de départ de douleurs s'étendant par intervalles à tout le membre correspondant. Le pied et la jambe enflaient un peu surtout dans la soirée. Il a pourtant continué à travailler jusqu'à ces derniers jours ; mais le gonflement du membre inférieur droit étant devenu très considérable, Capeller, sur le conseil de son patron, arrive à l'hôpital.

A son entrée on constate un œdème très développé de la jambe droite remontant jusqu'à la racine du membre. Les tissus au niveau du pli de l'aine sont douloureux à la pression. L'examen de la région démontre l'existence d'une tumeur pulsatile présentant un souffle systolique, occupant la base du triangle de Scarpa et remontant au-dessus de l'arcade crurale. L'engorgement œdémateux de la partie empêche d'ailleurs de bien délimiter la tumeur. Du côté du membre inférieur gauche, on constate une anomalie de la circulation ; il est impossible de découvrir dans toute l'étendue de la cuisse les batte-ments de l'artère crurale. Les artères radiales sont manifestement athéromateuses. Le pouls est celui de l'insuffisance aortique. Le cœur présente à la base un double bruit de souffle, plus accentué et plus rude, surtout au second temps. Le sphygmographe appliqué sur la radiale démontre la double altération des artères et du cœur. Le malade n'a ressenti jusqu'à présent aucun trouble morbide se rattachant à son affection cardiaque.

Le diagnostic porté est : athérome artériel et anévrysme de l'artère fémorale.

Le sujet est mis au repos ; le membre malade maintenu légère-ment élevé et entouré de ouate ; et l'on prescrit comme traitement interne l'acétate de plomb à la dose de 20 centigrammes.

L'œdème au bout de quelques jours diminue notablement, mais la tumeur paraît plus volumineuse et se montre toujours très doulou-reuse à la pression. La tension artérielle a diminué.

Le 12 mars, à la suite de quelques troubles intestinaux, l'acétate de plomb est supprimé et remplacé par 50 centigrammes d'iodure de potassium. Ce médicament est successivement porté à la dose de 1 et de 3 grammes par jour.

Le 19 mars, on commence à instituer le traitement de l'anévrysme *par la flexion forcée* de la cuisse sur le bassin. Cette position du membre, maintenue tous les jours de dix heures du matin à six heures du soir et poussée jusqu'à la disparition complète des battements de la pédieuse, est assez facilement supportée. Mais, le 12 avril, aucun résultat appréciable n'ayant été obtenu, la flexion est suspendue ainsi que le traitement interne.

On maintient pendant quelques jours, et d'une façon continue, *une vessie de glace* sur la tumeur, sans qu'il se produise aucune amé-lioration.

Le 26 avril, les applications de glace sont remplacées par la *com-*

pression de l'artère iliaque au-dessus de la tumeur au moyen de l'appareil de Broca. Les douleurs éveillées par ce nouveau mode de traitement sont tellement vives, qu'on est obligé d'y renoncer au bout de vingt-quatre heures. L'anévrysme ne fait qu'augmenter de volume ; les battements deviennent de plus en plus forts et plus superficiels ; la peau rougit et s'amincit. Une intervention chirurgicale plus énergique est décidée (14 mai), et le malade passe dans le service de clinique chirurgicale de M. le professeur Combalat, qui veut bien se charger de pratiquer la ligature de l'iliaque.

Dimensions de la tumeur avant l'opération : diamètre vertical, 12 centimètres.

Diamètre transversal, 15 centimètres ; distance de l'arcade fémorale à la partie inférieure de la tumeur : 9 centimètres.

La tumeur présente une portion plus saillante, rouge, à parois amincies, qui est à 11 centimètres de l'épine iliaque antérieure et supérieure et à 6 centimètres de l'arcade crurale. En déprimant avec les doigts la paroi abdominale, on sent manifestement la partie supérieure de l'anévrysme se prolongeant sur l'artère iliaque ; il est pourtant difficile de délimiter nettement la tumeur de ce côté. Le pied et la jambe sont œdématiés.

Le 15 *mai* un lavement purgatif est donné deux heures avant l'opération.

Quelques minutes avant de commencer l'anesthésie, le malade reçoit une injection sous-cutanée de deux centigrammes de chlorhydrate de morphine. Le chloroforme est administré ensuite par M. le professeur Fabre.

L'incision est faite suivant le procédé d'A. Cooper modifié par Roux ; l'artère tégumenteuse est coupée entre deux ligatures. L'aponévrose du grand oblique et les muscles petit oblique et transverse sont successivement incisés ; puis le fascia transversalis est coupé sur la sonde cannelée et le péritoine décollé. A ce moment, M. le professeur Combalat imagina d'employer un moyen très pratique et qui nous paraît recommandable à tous les points de vue, moyen qui permet d'opérer presque à sec et tout à fait à découvert. Trois éponges neuves et préalablement trempées dans l'eau phéniquée, chacune traversée par un fil, furent introduites dans la plaie, de manière à en soutenir les bords, déjà maintenus par des écarteurs, et en même temps destinée à absorber les liquides. De cette façon les vaisseaux apparurent très nettement au fond de la plaie où chacun put les voir très facilement.

L'artère iliaque isolée dans sa partie moyenne, avec la sonde cannelée, fut serrée avec deux fils de catgut n° 3, passés de dedans en dehors avec une aiguille de Deschamps. Cette double ligature avait été décidée par précaution en raison de l'altération des parois artérielles. Et en effet, au moment où le premier fil est serré, le chirurgien sent les parois de l'artère céder subitement. Le second fil de catgut est placé à un centimètre à peu près au-dessus de la première ligature, mais il étreint moins fortement le vaisseau. L'opération avait à peine duré dix minutes.

Aussitôt après le placement du premier fil l'anévrysme a cessé de battre et s'est affaissé. Un des chefs de chaque fil est coupé ras : l'autre est laissé long et placé à l'angle inférieur et interne de la plaie.

La suture profonde est pratiquée de la façon suivante : quatre fils d'argent simples sont passés à travers les lèvres de la plaie et le plus profondément possible. A chacun d'eux on enfile un bouton de chemise en os en usage dans les hôpitaux et que l'on maintient au moyen d'un petit tube en plomb de Galli que l'on écrase.

Quand les lèvres de la plaie sont suffisamment rapprochées, on enfile un nouveau bouton et un tube au chef opposé de chacun des fils, et la suture est ainsi serrée aussi rapidement et aussi uniformément qu'on le désire. On remplace ainsi les plaques de plomb et autres, nécessitées par la *suture en bouton* ordinaire, par des objets que l'on a plus facilement sous la main.

La suture superficielle est faite avec du fil ordinaire.

La méthode de Lister a été employée dans toute sa rigueur, tous les instruments et objets de pansement ont été préalablement désinfectés dans l'eau phénique ; les pulvérisations d'eau phénique ont été faites pendant toute la durée de l'opération, et tous les détails du pansement ont été observés. Une épaisse couche de coton phéniqué entoure tout le membre jusqu'au bassin. Le malade est immédiatement transporté dans son lit et entouré de cruchons.

Il accuse de violentes douleurs dans le pied et la partie postérieure de la jambe.

Potion avec 20 grammes d'acétate d'ammoniaque.

Dans la journée, le malade est assez calme et se plaint seulement de fourmillements dans le membre inférieur.

A sept heures du soir, le pouls est à 100 ; la température à 38°2. Les orteils ne sont pas froids. La potion à l'acétate d'ammoniaque est suspendue et remplacée par une autre contenant 30 gram. sirop de morphine, et 20 gouttes de teinture de digitale. Comme boisson, on ordonne un litre de lait alcoolisé.

16 *mai*. — La nuit a été assez bonne ; le malade a dormi pendant quelques heures, mais a eu une abondante transpiration. A la visite du matin : P. 112. — T. 37°9.

Dans la journée, il se produit un peu d'agitation et des douleurs lancinantes dans toute l'étendue du membre inférieur droit.

A sept heures du soir : P. 108. — T. 38°5. — Sueurs profuses ; un peu de subdelirium.

17 *mai*. — Matin : P. 120. — T. 38°. Pas de sommeil ; sueurs coninuelles. Dans la journée, l'agitation et la transpiration continuent. Fourmillements dans le pied et la jambe. Nausées fréquentes.

Soir : P. 112. — T. 38°8. Sur la demande du malade, le lait alcoolisé est supprimé.

18 *mai*. — Matin : P. 112. — T. 39°. Pansement de Lister. La plaie est dans un excellent état. La tumeur anévrysmale n'est plus le siège de battements ; elle est affaissée, mais toujours molle et fluctuante. Les fourmillements continuent dans le pied et le mollet.

Soir : P. 120. — T. 39°2. Inspirations fréquentes : 40 par minute. Vers dix heures du soir se produit un accès de suffocation avec pouls petit, filiforme et sueurs froides. Potion avec 20 grammes d'acétate d'ammoniaque.

19 *mai*. — Second pansement de Lister. Tous les points de suture sont enlevés. Les bords de la plaie paraissent être complètement réunis. P. 104. — T. 38°4. Inspirat. 36.

Soir : P. 108. — T. 38°8. — Inspirat. 40. Élancements douloureux du côté de la jambe et de la plaie. Potion avec la digitale et l'extrait . thébaïque.

20 *mai*. — Matin : P. 108. — T. 37°9. — Inspirat. 36. Le malade a fort peu dormi cette nuit à cause des douleurs vives qu'il ressent au niveau de la tumeur. Pansement de Lister. Il s'écoule une petite quantité de liquide séreux par la partie inférieure et interne de la plaie, où sont les fils à ligature. Alimentation : Bouillons, un œuf à la coque, quelques fraises, vin de Malaga.

Soir : P. 100. — T. 38°8. — Inspirat. 34.

21 *mai*. — Matin : P. 84. — T. 38°. — Inspirat. 32. La nuit a été

bonne, et les souffrances pas trop vives. Même régime alimentaire que la veille. Pansement. *Les fils de catgut se détachent spontanément au niveau des lèvres de la plaie, et sans entrainer le nœud.*

Soir : P. 88. — T. 38°4. — Inspirat. 32.

22 *mai.* — Matin : P. 80. — T. 37°8. — Inspirat. 28. La plaie est presque entièrement cicatrisée. La poche anévrysmale est très fluctuante et douloureuse. L'alimentation est augmentée : poulet et œufs.

Soir : P. 88. — T. 39°1. — Un peu de diarrhée.

23 *mai.* — Matin : P. 80. — T. 38°6. — 4 pilules opium et cachou. Même régime. La tumeur est toujours douloureuse. — Soir : P. 84. — T. 38°8.

24 *mai.* — P. 72. — T. 37°8. — Soir : P. 92. — T. 38°1. Même prescription.

25 *mai.* — P. 72. — T. 37°9. — Soir : P. 88. — T. 38°6.

26 *mai.* — P. 88. — T. 38°4. La diarrhée est plus forte. On ajoute au traitement une potion avec 4 grammes de sous-nitrate de bismuth. — Soir : P. 112. — T. 39°2.

27 *mai.* — P. 72. — T. 37°9. La nuit a été bonne. Les douleurs du côté de la tumeur et du membre reviennent de temps en temps ; la diarrhée a cessé. On augmente la nourriture. — Soir : P. 80. — T. 38°,

28 *mai.* — Température normale. Le pansement de Lister est renouvelé, quoique la plaie ne suppure pas.

30 *mai.* — Le malade se lève et passe quelques instants sur une chaise à côté de son lit.

2 *juin.* — Le malade n'a pas dormi de la nuit à cause des douleurs vives qui se sont manifestées du côté de la tumeur. Il dit même avoir eu quelques frissons. La peau au niveau de la poche anévrysmale est plus rouge que les jours précédents ; il existe un empâtement des tissus ; la pression est extrêmement douloureuse. La rougeur s'étend jusqu'aux lèvres de l'incision qui paraissent même un peu tuméfiées.

A six heures du soir le pouls est à 120, la température à 39° 1′.

3 *juin.* — Dans la nuit, les lèvres de la plaie se sont en partie décollées, et il s'est écoulé une quantité assez considérable de sang noirâtre plus ou moins décomposé. Deux vessies de glace sont appliquées. A la visite du matin, on trouve la tumeur anévrysmale affaissée. Mais dans toute la région de la racine de la cuisse existe un gonflement considérable avec rougeur de la peau, qui atteint jusqu'au grand trochanter. P. 84° ; T. 37° 8′. Vessies de glace sur la tumeur ; 4 cuillerées d'eau de Léchelle à l'intérieur.

A quatre heures du soir, il se produit un nouvel écoulement de liquide séro-sanguinolent. P. 100; T. 39° 1'.

4 *juin.*— P. 80. T. 38° 5'. La tuméfaction inflammatoire de la région subsiste, mais la poche est tout à fait affaissée. La pression exercée sur elle fait sortir son contenu par la plaie. Même traitement local et général; toniques : vins de Bordeaux et de Malaga.

Pas d'écoulement sanguin dans la journée, douleurs lancinantes vives. P. 88° ; T. 38° 7'.

5 *juin.* — P. 80; T. 37° 6'. Nuit assez calme. Les téguments sont très amincies au niveau de la tumeur, et la fluctuation très évidente. La pression fait sortir par la plaie du liquide purulent mêlé de sérosité et de caillots sanguins noirâtres.

M. le professeur Combalat incise la poche anévrysmale qui se vide immédiatement du pus et du sang qu'elle contient; il s'abstient de toute pression trop forte pour l'évacuer complètement de peur de détacher le caillot oblitérateur. Pansement de Lister.

6 *juin.* — Température normale. Amélioration très notable dans l'état local, le malade mange le quart de portion.

7 *juin.* — La rougeur et le gonflement ont beaucoup diminué à la racine de la cuisse. Les douleurs sont beaucoup moindres; la suppuration peu abondante.

10 *juin.* — Une complication nouvelle se montre, vive douleur à la poitrine et gêne respiratoire, et le jour suivant on constate le signe stéthoscopique d'une pleurésie commençante.

Large vésicatoire; potion avec 25 gouttes teint. digitale : bordeaux et malaga.

Le 16 juin, après l'application d'un nouveau vésicatoire, l'épanchement diminue très sensiblement et a presque disparu le 20. En même temps que la pleurésie, la diarrhée qui l'accompagnait cesse également sous l'influence du bismuth et de l'opium. Seules les sueurs profuses persistent. On ajoute au traitement 2 grammes d'extrait mou de quinquina et puis deux pilules d'un demi-milligramme de sulfate d'atropine contre les sueurs.

24 *juin.* — L'état général est satisfaisant; le malade est porté sur la galerie.

26 *juin.* — La plaie qui a succédé à l'ouverture de la poche anévrysmale ne suppure presque plus. La pression fait soudre encore un peu de pus par la plaie supérieure, qui est cicatrisée dans la plus

grande partie de son étendue. Le sulfate d'atropine est suspendu, les sueurs ayant diminué.

2 juillet. — La plaie du sac est entièrement cicatrisée, l'état général est excellent, le malade se promène sur la galerie.

10 juillet. — La cicatrisation est complète du côté de la plaie de l'opération. Il n'y a plus de douleurs dans la jambe ni dans le pied, mais seulement un peu de raideur de l'articulation du genou. A l'heure actuelle, il est encore impossible de percevoir les battements des artères du membre opéré.

20 juillet. Le malade reçoit son exeat.

L'observation que nous venons de citer, recueillie dans le service de M. le professeur Combalat, est le troisième cas de ligature de l'artère iliaque externe pratiquée à l'Hôtel-Dieu de Marseille, et faite pour la cure d'un anévrysme. Ces trois opérations ont été suivies de guérison complète. La première, faite par Moulaud, en 1817, fut la troisième ligature de l'iliaque externe pratiquée en France, et la première qui ait été suivie de succès complet; celles de Delaporte (de Brest) et de Bouchet (de Lyon) ayant amené, l'une le sphacèle du membre et la mort du malade, l'autre une guérison temporaire après gangrène des orteils, et mort du malade à bref délai par suite de la reproduction d'un anévrysme du pli de l'aine du côté opposé qu'on n'osa plus opérer.

La deuxième opération est celle de M. Bernard en 1865 : ligature de l'artère iliaque externe faite pour un anévrysme de la fémorale siégeant au niveau du triangle de Scarpa, et suivie de guérison complète. Elle doit compter parmi les très rares succès qui n'ont pas été publiés, en regard des cas malheureux beaucoup plus nombreux qui restent inconnus, et contribuent ainsi, à tort ou à raison, à justifier le scepticisme de certains chirurgiens à l'égard des résultats de la statistique.

Il nous a paru utile également, à côté de notre dernière observation, de faire le relevé des cas de ligature de l'iliaque externe publiés dans les dix dernières années, que nous avons pu recueillir dans les diverses publications scientifiques, et nous les réunissons dans le tableau suivant :

Relevé de la plupart des Observations de ligatures de l'artère iliaque externe faite pour des Anévrysmes et publiées pendant les dix dernières années.

Anévrysme poplité. — Insuccès de la flexion et compress. digit. Ligat. fémor. au som. du triangle. Hémorrhag. à la chute du fil. Ligat. immédiatement au-dessus, puis ligat. de l'*iliaque externe*. Guérison de l'anévrysme. Mort du malade, quelques mois plus tard, de phthisie......... S. Duplay, *Soc. chirurg.*, 26 av. 1871, et *Arch. de méd.*, 1871.

Anévr. de la partie supérieure de la cuisse. — Chute de la ligature le vingt et unième jour. Guérison...... O. Pemberton, *The Lancet*, 1871.

Ligat. iliaque externe (anévr. iliofémoral). — Résultat inconnu...... F. Busch, *Archiv. f. Klin. Chirurg.*, 1872.

Ligat. iliaque externe (anévr. fémoral). — Guérison.............. Jessop, *The Lancet*, octob. 1872.

De la ligat. de l'iliaque ext. dans le trait. des anévr. de la rég. inguinale. — Inflammat. et suppurat. du sac trois mois après. Guérison..... R. Butcher, *The Dublin journ. of med. science*, nov. 1872.

Anévrysme de la fémorale commune traitée par compress., puis par la ligat. iliaque ext.................. White, *Medical Times and Gazette*, nov. 1872.

Anévr. fémoral. — Ligat. iliaque ext. Mort quatre j. après l'opérat... Cl. Walter, *Saint-George's Hospital reports*, 1872.

Ligat. iliaque ext. (anévr. inguinal). — Gangrène du pied. Guérison de l'anévrysme...................... R. Bernard (de Plymouth), *The Lancet*, juin 1872.

Ligat. iliaque ext. (anévr. fémoral). — Gangrène du membre. Amputat. Guérison........................ Gavioli, *la Lucania medica*, janv. 1873.

Ligature de l'iliaque externe. — Trajet insolite du vaisseau........ W. Fergusson, *British med. Journ.*, mars 1873.

Anévr. diffus de la poplitée droite. — Ligat. fémor. Hémorrhag. second. Ligat. iliaque ext. Hémorr. second. Gangrène du pied et de la jambe. Amputation. Mort................ Gore, *The Lancet,* vol. II, 25 oct. 1873.

Anévr. dans l'aine et le creux poplité du même côté. — Ligat. iliaque externe. Gangrène. Amput. de cuisse. Guérison........................ Th. Divers, *British medic. Journ.,* juil. 1874.

Anévr. fémoral. — Ligat. iliaque externe........................ Walmsley, *The Lancet,* nov. 1874.

Ligat. par la méthode antiseptique de l'iliaque externe.............. Tillots, *The Lancet,* oct. 1874.

Anévr. fémor. — Insuccès de la compress. digitale. Rupture de la poche. Ligature de l'iliaque ext. Guérison. .... Gailliet, *Société médicale de Reims,* n° 12, p. 139, 1874.

Anévr. fémoral. — Ligat. iliaque ext. Guérison.................... J. Smith, *The Lancet,* 1874.

Anévr. fémoral. — Ligat. iliaque ext. Guérison. .... G. Cooper Saunders, *The Lancet,* 1874.

Anévr. fémor. — Ligat. iliaque ext. R. Bell, *The Lancet,* fév. 1875.

Anévr. fémoral. — Ligat. iliaque ext. Guérison. .... J. Hamilton, *The Dublin journ. of medic. science,* avril 1875.

Anévr. fémoral. — Ligat. iliaque ext. Mort....................... J. Elliot, *The Lancet,* vol. II, sept. 1875.

Anévr. inguinal. — Ligat. iliaque ext. Guérison. .... Fochier (de Lyon), *Soc. des sciences médic. de Lyon,* oct. 1875, et *Bull. de la Soc. de chirurg.,* t. II, n° 5, p. 323, 1876.

Ligat. iliaque ext. au catgut.— Guérison en 15 jours. Suppurat. du sac. Carless, *The Lancet,* sept. 1875.

Anévr. fémoral. — Ligat. iliaque ext. Mort par infect. purulente 6 j. après l'opérat.................... Gallerand, *Archives de méd. navale,* t. XXII, p. 379, 1875.

Anévr. fémoral et poplité sur le même membre guéri par la ligat. de l'iliaque ext........ .... J.-H. Porter, *The Dublin journ. of medic. science,* sept. 1875.

Anévr. fémor. double traité avec succès par la compress. Reproduct.

d'un anévr. Ligat. de l'iliaque ext. Insuccès. Guérison par l'ouverture du sac............................ Th. ANNANDALE, *The Lancet*, mai 1876.

Anévr. ilio-fémoral traité avec succès par la ligature de l'iliaque ext. avec le fil de catgut................. SYDNEY JONES, *The Lancet*, avril 1876.

Ligat. des deux iliaques externes pour des anév. inguinaux. Guérison. EBEN WATSON, *The Lancet*, août 1876.

Anévr. fémor. traité par l'électrolyse, puis par la ligat. iliaque ext. Mort 44 j. après................. LECADRE, *Courrier médical*, n° 38, 8 sept. 1877.

Anévr. fémor. — Deux applicat. sans résultat de la bande élastique. Ligat. iliaque ext. Guérison........ J. FLEMING, *British med. Journ.*, oct. 1877.

Anévr. iliaque ext. et fémoral. — Ligat. iliaque ext. Mort par embolie. D.-W. CHEEVYER, *Medic. and surg. reports of the Boston city hosp.*, 2° série, 1877.

Ligat. iliaque ext. pour trois anévr. du membre inf. gauche. — Guérison. Gangrène limit. de la jambe........ O. PEMBERTON, *The Lancet*, vol. II, 1878.

Anévr. poplité. — Ligat. fémor. Hémorrh. second. Ligat. fémorale prof. obturat. iliaque ext. Iliaque primitive. Mort.................... AGNEW, *Philadelphia medical Times*, nov. 1877.

Ligat. iliaque ext. pour un anévr. du pli de l'aine. — Emploi du catgut. SPENCER WATSON, *Medical and Gazette*, vol. II, 1878.

Anévr. popl. et fémor. sur le même membre. — Ligat. iliaque ext. Guérison.............................. MORTON, *The Lancet*, vol. II, 1878.

Anévr. fémor. gauche. — Ligat. fémor. Anév. secondaire. Ligat. iliaque ext. Guérison................., WINKFIELD, *British med. Journ.*, nov. 1878.

Ligat. iliaque ext. pour un anévr. du pli de l'aine. — Guérison....... PINKERTON, *The Lancet*, vol. II, 1878.

Anévr. fémor. droit. — Ligat. iliaque ext. Guérison................. GURGENHEIM, *British medic. Journ.*, 1er nov. 1879.

Anévr. de deux crurales. — Ligat.

de deux crurales. Anév. second. ligat. iliaque ext. Mort, quelque temps
temps après, de la rupt. d'un anév.
de l'aorte abdominale.............. H. Steele, *Edimb. medic. Journ.*,
janv. 1879.

Anév. fémor. traité par la ligat.
de l'iliaque ext..................... H. Clutton, *British med. Journ.*,
avril 1880.

TABLE DES MATIÈRES

BERNARD (Cl.) et HUETTE. — **Précis iconographique de médecine opératoire et d'anatomie chirurgicale**, 1873, 1 volume in-18 jésus, 495 pages, avec 113 planches, figures noires, cartonné...... 24 fr.
Le même, figures coloriées, cartonné............ 48 fr.
BOUILLY (Georges). — **Comparaison des arthropathies rhumatismales, scrofuleuses et syphilitiques**, 1878, in-8, 108 pages...... 3 fr. 50
— **Des lésions traumatiques portant sur des tissus malades**, 1877, gr. in-8, 153 pages................ 3 fr.
† BRESCHET (G.). — **Mémoires chirurgicaux sur différentes espèces d'anévrysmes**, 1834, in-4, avec 6 planches in-fol........ 6 fr.
CAMPENON (V.). — **Recherches anatomiques et cliniques sur l'Entorse des Ankyloses**, 1879, gr. in-8, 85 pages.......... 2 fr.
CHAPPLAIN. — **Etudes et observations sur quelques maladies chirurgicales des articulations**, par le docteur Chapplain, professeur à l'École de médecine de Marseille, 1874, in-8, 38 pages...... 1 fr. 25
CHAUVEL. — **Précis d'opérations de chirurgie**, 1877, in-18, 692 pages, avec 281 figures dessinées par le docteur E. Charvot...... 6 fr.
DESPRÉS (Armand). — **La chirurgie journalière**, leçons de clinique chirurgicale professées à l'hôpital Cochin, 1877, 1 volume grand in-8, 690 pages, avec figures.............. 10 fr.
GAUJOT (G.) et SPILLMANN (E.) — **Arsenal de la chirurgie contemporaine**, description, mode d'emploi et appréciation des appareils et instruments en usage pour le diagnostic et le traitement des maladies chirurgicales, l'orthopédie, la prothèse, les opérations simples, générales, spéciales et obstétricales, 1867-72, 2 vol. in-8 de chacun 800 p. avec 1855 figures................ 32 fr.
GILLETTE. — **Chirurgie journalière des hôpitaux de Paris**, répertoire de thérapeutique chirurgicale, 1877, in-8, 772 pages, avec 662 figures, cartonné................... 12 fr.
GOSSELIN (L.). — **Clinique chirurgicale de l'hôpital de la Charité.** 3e *édition*, 1878, 3 vol. in-8, avec figures.......... 36 fr.
GUYON. — **Éléments de chirurgie clinique**, comprenant le diagnostic chirurgical, les opérations en général, l'hygiène, le traitement des blessés et des opérés, 1873, 1 volume in-8, de xxxviii-672 pages, avec 63 figures.................... 12 fr.
LETIÉVANT. — **Traité des sections nerveuses**, physiologie, pathologie, indications, procédés opératoires, 1873, 1 vol. in-8 de xxviii-548 pages, avec 20 figures................. 8 fr.
MAUNOIR (J.-P.). — **Mémoire physiologique et pratique sur l'anévrysme** et la ligature des artères. Genève, 1802, in-8, figures.. 1 fr.
RICHELOT (L.-G.). — **Des tumeurs kystiques de la mamelle**, 1878, gr. in-8, 120 pages avec figures............. 3 fr. 50
— **De la péritonite herniaire** et de ses rapports avec l'étranglement, 1874, in-8, 88 pages............... 2 fr.
— **Du tétanos**, Paris, 1875, in-8, 147 pages......... 3 fr.
ROCHARD. — **Histoire de la chirurgie française au XIXe siècle**, étude historique et critique sur les progrès faits en chirurgie et dans les sciences qui s'y rapportent, depuis la suppression de l'Académie royale de chirurgie jusqu'à l'époque actuelle, 1875, 1 vol. in-8, de xvi-800 pages » .... 12 fr.
VALETTE. — **Clinique chirurgicale de l'Hôtel-Dieu de Lyon**, 1875, 1 vol. in-8 de 720 pages, avec figures.......... 12 fr.
VALTAT (Emile). — **De l'atrophie musculaire consécutive aux maladies des articulations**; étude clinique et expérimentale, 1877, gr. in-8, 156 pages..................... 3 fr.

Paris. — Typ. G. Chamerot, 19, rue des Saints-Pères. — 9898.